■ 성공하는 사람의 인맥 지도 ■

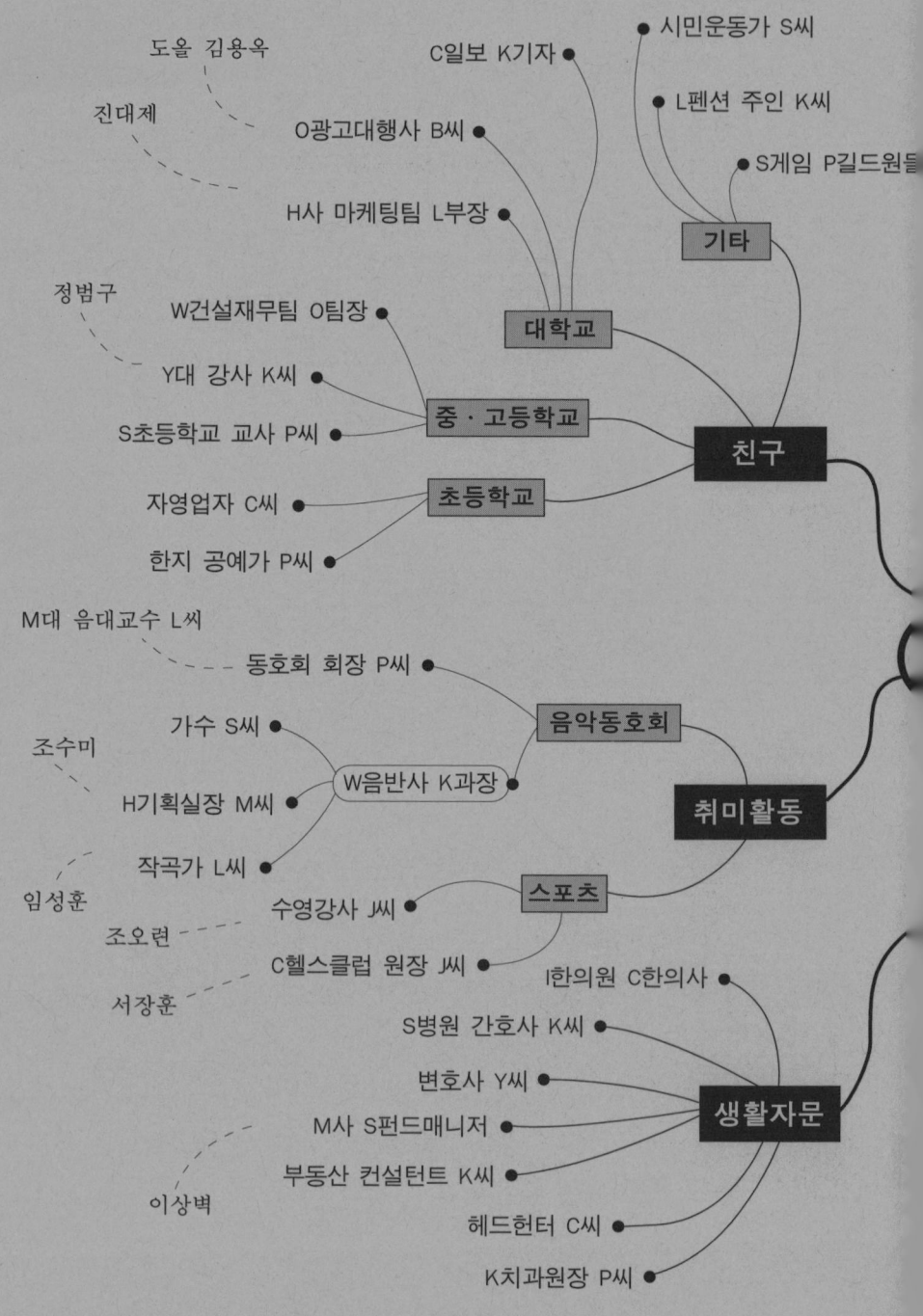

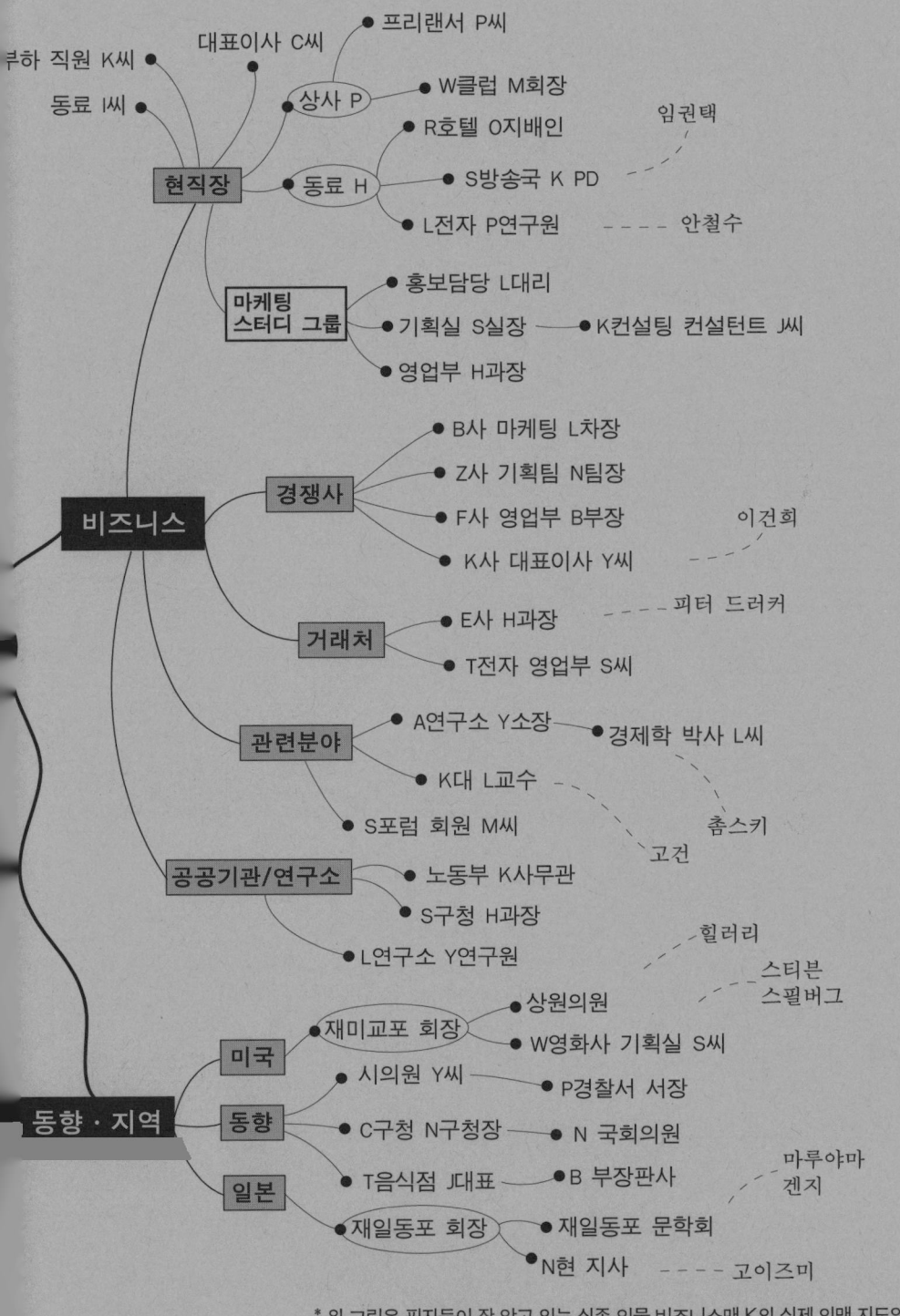

* 위 그림은 필자들이 잘 알고 있는 실존 인물 비즈니스맨 K의 실제 인맥 지도입니다. 책의 뒷부분 '나의 인맥 지도' 란에 자신의 인맥 지도를 그려보세요.

세상에서 가장 든든한
인맥 지도를
그려라

세상에서 가장 든든한

인맥 지도를 그려라

실전! 큰 세상을 향한 인맥 만들기

유용미·황소영 지음

아라크네

세상에서 가장 든든한 인맥 지도를 그려라

초판 1쇄 발행 2003년 9월 20일
초판 9쇄 발행 2007년 5월 30일

지은이 유용미 황소영
펴낸이 김연홍

편 집 안현주 김혜영
디자인 성희찬
영 업 김은석 송갑호
관 리 박은미 이세형

펴낸곳 아라크네
출판등록 1999년 10월 12일 제2-2945호
주소 121-865 서울시 마포구 연남동 224-57
전화 02-334-3887 **팩스** 02-334-2068
홈페이지 www.arachne.co.kr **이메일** arachne@arachne.co.kr

값 9,800원

ISBN 89-89903-25-4 03320

잘못된 책은 바꾸어 드립니다.
저작권법에 의해 보호받는 저작물이므로 무단전재 및 복제를 금합니다.

프롤로그

> "성공에는 재능과 행운이 모두 필요하다.
> 그리고 '행운'은 다른 사람의 도움을 받는 것이다."
>
> – 아인 랜드(Ayn Rand)

인맥 지수를 높여라

"인맥, 꼭 필요한 거야?"
"지금처럼 누군가를 우연히 알게 되는 것만으로도 충분해."
"에이, 인맥 같은 건 비리나 조장하는 거지."
"인맥이 필요하긴 하지만 내 주제에 무슨 인맥이 있겠어."
아직도 이런 의기소침한 생각을 하고 있는 것은 아닌가? 아니라고 고개를 설레설레 흔들어 봐도 마음 한 구석이 뜨끔하다면 문제가 있다.

사실 우리는 인맥에 대한 논의 자체를 꺼리는 경우가 많다. TV나 신문을 통해 접하는 인맥 관련 얘기들은 우리와는 거리가 먼 거대하고 화려한 인간관계일 뿐 아니라, 인맥은 주로 비리와 연관된 사건에 휘말려 언급되기 때문에 그 자체에 대한 부정적인 인식이 강하다.

하지만 "내가 아는 사람이 ○○○인데……"라는 말로 시작하는 청탁용 인맥이나 줄서기가 인맥의 전부라고 생각하여 경계심을 버리지 못하고 있다면 이처럼 어리석은 일은 없을 것이다. 인맥은 그저 이름만 대면 알 만한 '학연'이나 '지연'에 불과한 것이 아니다. 자신에게 유·무형의 든든함을 안겨주는 귀중한 재산인 것이다.

인생을 즐겁고 행복하게 살고 싶다면 이제 올바른 인맥 만들기에 시선을 돌려보자.

세상은 사람과 사람간의 관계를 통해 이루어진다. 사회의 규범을 만들고 지켜나가는 것도 사람이고, 기업의 성장과 국가의 발전도 결국은 사람에 의해 이루어지기 때문이다. 사람과의 관계가 미치는 영향력을 고려할 때 폭넓은 인간관계를 가진 사람이 다채롭고 풍요로운 삶을 만들어 가는 것은 당연하다.

그렇다고 하루에 수십, 수백 명을 만나는 사람이 든든한 인맥을 갖고 있다고 할 수는 없다. 인맥은 그 수에 의해 가치가 결정되는 것이 아니다. 정보망으로서의 역할 수행이 가능한지, 내 삶에 긍정적인 영향을 미치고 있는지, 나의 궁극적인 삶의 목표에 부합하여 시야를 넓혀 줄 수 있는지 등과 같은 질적인 측면이 중요하기 때문이다. 물론 이 모든 것을 떠나서 다른 사람들과 얼마만큼 진실되고 참된 관계를 형성하고 있는지 점검해 볼 필요가 있다.

이와 같이 인맥은 단순한 사람과의 관계가 아니라, 소중한 사람들과 함께 자기계발을 도모하는 데 밑거름이 되는 중요한 자산이다. 한 차원 업그레이드된 인간관계를 통해 삶을 풍요롭게 할 수 있다면 거부할 이유가 없지 않은가?

또한 인맥은 능력을 가늠하는 기준이 된다. 지난 20세기가 지능을 측정하는 IQ(Intelligence Quotient)나 감성지수라 불리는 EQ(Emotional Quotient)를 중시하는 시대였다면 21세기에는 정보망 지수인 인맥 지수(Network Quotient)가 경쟁력을 좌우할 것이다. 인맥 지수는 보통 5가지의 능력이 바탕이 되어 나타난다.

첫째는 다양한 채널을 통해 정보를 수집하는 능력, 둘째 영향력 있는 정보를 활용하는 능력, 셋째 목표에 부합하는 주요 정보 채널을 깊이 있게 탐색하는 능력, 넷째 현재 갖고 있는 정보망을 확장시켜 나가는 능력, 다섯째 타인에게 자신을 또 하나의 정보망으로 주지시켜 활용하는 능력을 말한다.

　이러한 정보망 지수의 핵심에 인맥이 있다. 땀 뻘뻘 흘리며 일해도 혼자만 애쓴다면 그 성과는 한계가 있다. 다른 사람과의 관계를 통해 현실감 있고 유용한 정보를 활용한다면, 한층 더 즐겁게 일하고 자신의 가치도 업그레이드시킬 수 있다.

　인맥은 더 이상 출세를 위해 세속적으로 이용하거나 은밀하게 만들어 가는 것이 아니다. 사람과 사람 사이의 관계를 통해 삶에 활력소를 제공해 주는 공개된 에너지원이다.
　자신의 목표를 세우고 실력을 쌓기 위해 애쓰는 것처럼 사람들과의 관계에도 전략적인 노력을 기울일 때다. 단, 인맥의 확장과 관리를 시작할 때는 몇 가지 마음가짐이 필요하다.
　우선 상대방을 먼저 배려해야 한다. 그리고 선입견을 버리고 사람들을 공평하게 대할 수 있어야 한다. 그뿐만이 아니다. 상대방의 냉정한 반응에 주눅 들지 않고 다가설 수 있는 자신감을 갖추어야 한다.
　이러한 마음가짐으로 이제 '사람 부자'가 될 수 있는 즐거운 여행에 동참해 보자. 이 책은 당신의 여행에 반드시 필요한 나침반이 될 것이다.

 마지막으로 이 책이 나올 때까지 힘이 되어 준 분들께 감사의 말을 전하고 싶다. 특히 인터뷰에 응해 주신 김성주 사장님, 유인경 부장님, 고승철 부국장님, 권오규 이사님께 감사드린다. 그리고 부족한 필자들의 생각을 책으로 출판할 수 있도록 배려해 주신 아라크네 김연홍 사장님을 비롯한 편집부 여러분과 HR Korea 최효진 사장님께 감사드린다. 무엇보다 항상 든든한 버팀목이 되어 주시는 부모님과 가족들에게 이 책을 바친다.

유용미 · 황소영

[차례]

프롤로그 인맥 지수를 높여라 _5

1부 인맥은 금맥, 인맥을 잡아라

1장 당신의 인맥에도 변화가 필요하다

당신의 잠을 깨워줄 친구가 있는가 _17
어느 줄에 설까 고민하고 있는가 _20
당신은 사람에게 얼마만큼 투자하고 있는가 _24
당신의 인맥 지수를 측정하라 _30

2장 인맥 관리 십계명

1계명 한 시간에 한 번은 "안녕하세요", "고맙습니다" 하고 말하라 _36
2계명 하루에 한 번은 인맥 다이어리를 체크하라 _39
3계명 이틀에 한 번은 감사 메일을 보내라 _42
4계명 사흘에 한 번은 점심 약속을 하라 _44
5계명 1주일에 한 번은 오직 나만을 위한 시간을 가져라 _46
6계명 한 달에 한 번은 네트워킹 데이를 만들어라 _48
7계명 석 달에 한 번은 엔돌핀 메이커로 거듭나라 _51
8계명 6개월에 한 번은 명함을 정리하라 _53
9계명 1년에 한 번은 노는 물을 점검하라 _56
10계명 3년에 한 번은 자신을 표현하는 키워드를 업데이트하라 _58
Interview 1. 자신만의 브랜드 창조로 글로벌 네트워크를 구축하라(김성주) _61

3장 인맥의 궁합 — 내게 맞는 인맥 유형은 무엇일까

인맥 지도를 그려라 _64
유형을 알면 인맥이 보인다 _70
마당발형 | 연예계에서 박경림을 모르면 간첩 _72
그물형 | 내 인맥에 성역은 없다 _75
말뚝형 | 내 인맥은 말뚝이야. 왜? 한 번 박으면 안 뽑히거든 _78
점형 | 인맥이 뭐야? 오리무중 심리상태 _81
안테나형 | 안에서는 카리스마, 밖에서는 팔방미인 _84

2부 실전! 인맥 쌓기

4장 인맥 쌓기 Ⅰ. 사람을 모이게 하는 방법

사람이 모이는 사람, 사람이 떠나는 사람 _91
효과적인 접근을 위한 4가지 전략 _94
첫 만남에서 상대방의 70%를 파악하라 _97
6초의 신화 _100
플러스·마이너스 효과를 이용하라 _103
나만의 브랜드를 만들어라 _106
정보의 메카가 되라 _110
때로는 허점을 보여라 _115
Interview 2. 따뜻한 마음으로 징검다리가 되자(유인경) _117

5장 인맥 쌓기 Ⅱ. 사람 부자가 될 수 있는 아주 특별한 원칙

맨날 그 물에서 노는 데는 원인이 있다 : '끼리끼리' 통념 깨부수기 _120
관계를 넓히는 데 필요한 준비 운동 _123
사내 인맥은 특별 관리 대상이다 _125
내게 맞는 모임을 찾아라 _130
영향력 있는 사람을 찜하라 _134
최고의 리더를 내 편으로 끌어들이는 3가지 핵심 키워드 _137
공적인 관계를 개인적 인맥으로 진화시키는 4가지 방법 _141
징검다리를 찾아라 _144
네 틀을 벗어라 : 우연과 일탈 대작전 _147
Interview 3. 인맥은 사회생활의 윤활유 (권오규) _150

6장 인맥 쌓기 Ⅲ. 영원한 내 사람을 만드는 관리법

인맥은 넓히는 것보다 관리하는 것이 중요하다 _153
나만의 인맥 데이터베이스를 구축하라 _155
인맥 관리 정보 시스템의 효과적인 4가지 활용법 _159
상대에게 3분만 투자하라 _163
스키장에서의 일석삼조 _166
마케터에게 배우는 자기 마케팅법 _169
Interview 4. 인맥에도 정도가 있다 (고승철) _172

3부 | 직장인이여! 당신의 인맥을 업그레이드하라

7장 신입 사원 : 인맥에도 배짱이 필요하다

조직을 알면 인맥이 보인다 _177
직속 상사에게 때론 아부가 필요하다 _179

입사 동기는 인맥 동기 _182
스터디 그룹에서는 공부만 한다? _185
세상은 넓고 세미나는 많다 _188
'다음'은 다음 기회에…… _191

8장 관리자 : 인맥 형성의 황금기를 즐겨라

사내 소식통, 리셉셔니스트와 친하게 지내라 _195
직속 부하를 아껴라 _199
주요 부서에 내 사람을 심어라 _202
떠난 사람이 인맥을 부른다 _205
경쟁사의 동급 관리자, 적군일까 아군일까 _208
자기충전을 하라 _211
포럼 스피커로 참여하라 _214
헤드헌터와 친구가 되라 _217
인맥에도 가지치기가 필요하다 _222

9장 경영자 : 세상에 나를 알려라

이사회의 몇몇과는 친분을 유지하라 _225
당신의 부하들은 지금 무엇을 하고 있는가 _228
신입 사원을 우습게보지 말라 _231
다양한 대화 주제를 만들어라 _234
또 다른 자아 발견의 기쁨을 누려라 _237
최고경영자 과정에 참여하라 _240
CEO는 CEO끼리 만난다 _244
매스컴, 제대로 이용하면 보약이 된다 _249

에필로그 성공을 위한 투자, 인(人)테크를 시작하자 _253

* 이 책은 필자들이 만난 여러 직장인들의 사례를 바탕으로 작성하였다. 글 내용 중에는 신문 및 잡지 기사, 학위 논문, 관련 도서 등을 참조한 자료도 포함되어 있다. 사례 중에 등장하는 사람들의 이름은 정보 보호를 위하여 가명으로 기재하였음을 밝힌다.

1부

인맥은 금맥, 인맥을 잡아라

Network Quotient

이 장에서는 토끼와 거북이의 우화를 패러디한 이야기가 소개된다. 이 우화에는 토맹이와 토달이라는 두 주인공이 등장한다. 토맹이는 인맥에 문외한인 '인맹(人盲)'을, 토달이는 '인맥의 달인'을 대표한다. 누구보다 뛰어난 실력을 가지고 있지만 '친구'의 중요성을 간과한 토맹이와 그에게 인맥의 중요성을 일깨워준 토달이를 통해 당신의 모습을 비추어 보기 바란다. 혹시 토맹이와 같은 사고에서 벗어나지 못하고 있는지 진지하게 생각해 보자.

1장 당신의 인맥에도 변화가 필요하다

당신의 잠을 깨워줄 친구가 있는가

옛날 어느 숲 속에 평화로운 토끼마을이 있었다. 뒤쪽에는 높은 토끼산이 솟아 있고, 앞쪽으로는 잔잔한 강물이 흐르는 아름다운 마을이었다. 토끼들은 마을에 있는 당근 밭에서 재배한 당근을 먹었지만, 토끼산 꼭대기에서 나는 당근이야말로 세상의 어떤 당근보다 맛있다는 것을 알고 있었다. 하지만 토끼산은 너무 높아 꼭대기까지 올라가려면 튼튼한 다리가 필요했다.

햇빛이 따뜻하게 비치는 어느 봄날, 토맹이는 풀밭 위를 깡충깡충 뛰어다니고 있었다.

"이 정도면 토끼산 꼭대기까지 단번에 올라가는 것도 문제없겠지?"

벌써 1년째 날마다 깡충깡충 뛰는 연습을 해온 토맹이는 뛰는 것이라면 누구보다 자신이 있었다. 다른 토끼들이 모두 밭을 갈 때도 토맹이는 혼자 뜀박질 연습을 했고, 차례로 물을 길어올 때도 모른 척하며 오직 튼튼한 다리를 만드는 데만 전력을 다해 왔기 때문이다.

이때 저쪽에서 거북이가 다가왔다.

"느림보 거북아, 안녕?"

"아, 토맹이구나. 그동안 잘 지냈니?"

내심 자신의 뜀박질 솜씨를 자랑하고 싶었던 토맹이가 거북이에게 말했다. "거북아, 우리 누가 더 빠른지 시합할까? 저기 보이는 토끼산 꼭대기에 누가 먼저 올라가는지 내기하자."

은근히 자신을 깔보는 듯한 토맹이의 제안에 마음이 상한 거북이가 말했다. "좋아. 어디 한번 해보자."

둘의 내기 소식을 들은 토끼마을 친구들이 하나 둘씩 모여들었다. 모두들 이 내기를 흥미롭게 지켜보는 가운데 드디어 출발 신호가 떨어졌다.

"자, 그럼 준비! 출발!"

"깡충! 깡충!", "영차! 영차!"

토맹이와 거북이는 힘차게 출발했다. 평소 누구와도 어울리지 않고 실력을 연마해 온 자신을 손가락질하던 토끼 친구들에게 실력을 보여줄 절호의 기회라 생각한 토맹이는 한달음에 산중턱까지 올라갔다. 산중턱에서 뒤를 돌아본 토맹이는 아직도 산 아래에서 엉금엉금 기어오고 있는 거북이를 보자 한심한 생각이 들었다.

"저런 바보. 아직도 저 밑에 있네. 그 실력을 가지고 언제 여기까지 오겠어? 여기까지 오려면 한참 걸릴 테니 시원한 나무 그늘 밑에서 조금 쉬었다 갈까?"

토맹이는 나무 그늘 밑에 털썩 주저앉았다. 긴장이 풀어진 탓이었을까. 그는 어느새 스르르 잠이 들고 말았다.

한편 거북이는 땀을 뻘뻘 흘리며 한 발짝 한 발짝 쉬지 않고 발을 내딛고 있었다. 마을 친구들도 거북이를 따라오며 힘찬 응원을 보냈다. 거북이도 드디어 토맹이가 잠든 나무 그늘에 도착했다. 토맹이처럼 그늘 아래서 잠시 쉬어가고 싶었지만 여기서 쉬었다간 토맹이를 이길 수 없을 거란 생각에 다시 기운을 차렸다.

"영차! 영차!", "거북이 힘내라!", "거북이 이겨라!"

친구들의 응원에 더욱 힘이 난 거북이는 쉬지 않고 기어갔고, 마침내 토끼산 꼭대기에 도착했다.

"야호! 거북이가 이겼다!"

토끼마을 친구들의 함성에 깜짝 놀라 잠에서 깨어난 토맹이는 사방을 둘러보았다. 마을 친구들이 모두 거북이를 환호하고 있는 것이 아닌가? 그제야 어떻게 된 일인지 알게 된 토맹이가 탄식했다.

"이럴 수가! 왜 아무도 나를 깨워주지 않은 거지? 누군가 날 깨워주기만 했어도 거북이를 이길 수 있었을 텐데……."

그렇다. 누군가 잠든 토맹이를 흔들어 깨워주기만 했더라면 얼마든지 거북이를 이길 수 있었을 것이다. 토맹이는 누구보다 튼튼한 다리와 뛰어난 뜀박질 실력을 갖고 있었지만 그를 잠에서 깨워줄 친구는 하나도 없었다.

토끼마을은 우리가 사는 이 시대에도 똑같은 모습으로 존재한다. 성공이라는 열매를 따기 위해 남들보다 더 노력하고 더 열심히 뛰지만, 결정적인 순간에 잠을 깨워줄 이가 한 명도 없는 토맹이와 같은 사람들이 우리 주변에도 무수히 많다.

혹시 당신도 잠을 깨워줄 친구가 없는 혼자만 똑똑한 토맹이는 아닌가? 당신이 잠시 방심하고 있을 때, 어느 방향으로 나아가야 할지 갈피를 못 잡고 있을 때, 곤경에 처했을 때 당신에게 손을 내밀어줄 사람이 있는가?

'그때 누군가 날 도와줄 사람만 있었더라면……' 하는 후회를 한 번이라도 해본 적이 있다면 어쩌면 당신도 수많은 토맹이들 중 한 명일지 모른다. 성공을 눈앞에 두고도 '사람' 때문에 좌절하거나, 자신의 가치를 알아줄 '사람'을 만나지 못해 능력을 발휘하지 못하는 경우도 마찬가지다. 언제나 성공의 마지막 순간은 '사람'이 결정한다.

인맥의 달인은 먼 곳에 있는 것이 아니다. 이제 자신의 인맥을 파악하고 전략적으로 인맥을 키워가는 즐거운 인맥 여행을 시작해 보자. 성공적인 사회생활을 위해서는 '머리' 뿐만 아니라 '친구'도 필요하다는 것을 잊어서는 안 된다.

어느 줄에 설까 고민하고 있는가

거북이와의 내기에서 지고 만 토맹이는 허탈한 마음으로 산을 내려왔다. 아무도 자신을 깨워주지 않았다는 사실에 충격받은 토맹이는 결심했다. '언젠가 또 다른 내기를 하게 될지도 몰라. 만약 그때도 내가 잠이 든다면? 그래, 이번엔 나를 꼭 깨워줄 친구를 미리 사귀어야겠어!'

토맹이는 어떻게 하면 친구를 사귈 수 있을지 곰곰이 생각해 보았다. '그래, 친구라면 뭐니 뭐니 해도 고향 친구들이 최고지!'

토맹이는 제일 먼저 같은 고향 출신의 토끼들을 찾아갔다.

"얘들아, 나와 친구가 되어 주겠니? 우린 같은 고향 출신이잖아."

처음에는 모두들 토맹이를 반갑게 맞아주었다. "토맹이는 튼튼한 다리를 가졌으니 우리 고향 최고의 토끼야.", "우리 고향에서 토맹이만큼 뜀박질을 잘하는 토끼는 없지.", "맞아, 맞아."

고향 친구들은 튼튼한 다리를 가진 토맹이를 고향의 자랑으로 추켜세웠다. 그러나 시간이 흐르고 토맹이보다 더 튼튼한 다리를 가진 토끼가 나타나자 토맹이를 치켜 세워주던 고향 토끼들의 관심도 이내 사그라들고 말았다.

같은 고향 토끼들에게 실망한 토맹이는 토끼마을에서 가장 힘이 센 왕토끼를 찾아갔다. 왕토끼는 마을 토끼들을 위협하여 언제나 최상품 당근을 차지하고는 자신에게 복종하는 토끼에게만 당근을 나눠주었다. 그 때문에 왕토끼 주변에는 항상 수많은 토끼들이 당근을 얻기 위해 줄을 서고 있었다.

토맹이는 '왕토끼 옆에는 언제나 수많은 토끼들이 있으니 왕토끼에게 잘 보이면 당근도 얻고 자연스럽게 친구도 사귈 수 있을 거야.' 하고 생각했다.

왕토끼의 줄 끝자락에 자리를 차지한 토맹이는 자신의 차례가 오기를 기다리고 있었다. 몇 날 몇 일을 기다린 끝에 드디어 왕토끼를 만나기 직전, 어디서 '쿵!' 하는 굉음이 들려왔다.
"모두들 비켜! 이제 왕토끼는 없다."
깜짝 놀란 토맹이는 왕토끼의 자리를 바라보았다. 그런데 왕토끼가 앉아 있던 자리에는 왕토끼보다 훨씬 덩치가 큰 검은 토끼가 앉아 있었다.
"앞으로는 나, 황제토끼에게 잘 보여야만 당근을 얻을 수 있다!"
갑작스런 황제토끼의 출현에 왕토끼를 기다리던 줄은 순식간에 아수라장이 되어 버렸다. 토맹이는 친구도 당근도 얻지 못하고 돌아설 수밖에 없었다. 왕토끼를 통해 친구를 많이 만들고자 했던 토맹이는 허탈한 마음으로 다시 집으로 돌아왔다.
'고향 토끼도, 왕토끼도 나에게 친구를 만들어주진 못했어. 그렇다면 이젠 내가 직접 친구를 만들 테야.'
스스로 친구를 만들기로 결심한 토맹이는 토끼 친구들이 좋아하는 당근과 각종 과일을 푸짐하게 차려놓고 성대한 잔치를 열었다. 토맹이는 마을의 모든 토끼들을 초대하였고, 당근과 과일, 춤과 노래가 있는 그의 잔치에는 연일 수많은 토끼들로 발 디딜 틈이 없었다. 다만 마을 토끼들의 신임을 얻고 있는 토달이만이 토맹이의 잔치에 모습을 나타내지 않았다.
잔치를 통해 마을의 모든 토끼들과 인사를 나누게 된 토맹이는 이제 그들 모두 자신의 친구가 되었을 거라고 생각했다. 하지만 토맹이가 준비한 음식이 떨어지고 잔치가 끝나자 모두 원래의 자리로 돌아가 버렸다. 예전과 달라진 것은 하나도 없었다. 토맹이는 여전히 혼자였고 그를 잠에서 깨워줄 친구는 어디에도 없었다.

얼마 후 상심에 빠져있는 토맹이에게 토달이가 찾아왔다.

"넌 내가 잔치에 초대했을 땐 오지 않더니 왜 이제야 온 거니? 잔치는 이미 다 끝나 버렸어. 당근과 과일도 모두 떨어져서 너에게 줄 것이 아무것도 없어." 토맹이가 말했다.

"토맹아, 난 당근과 과일 때문에 찾아온 게 아냐. 난 너를 쭉 지켜보았어. 넌 친구를 만들기 위해 안간힘을 썼지만 진정한 친구를 만드는 방법은 아직 깨닫지 못한 것 같구나."

토달이의 말에 토맹이는 힘없는 목소리로 말을 이어갔다.

"하지만 난 최선을 다했어. 고향 친구들을 만나기도 했고 왕토끼를 찾아가기도 했어. 그리고 가지고 있는 모든 것을 털어서 날마다 잔치까지 열어봤지. 하지만 매번 실패로 돌아갔어. 아무래도 난 운이 없나봐."

"토맹아, 네 모습을 곰곰이 생각해 봐. 친구들이 힘겹게 밭을 갈고 물을 길어올 때 넌 네 자신만 생각하지 않았니? 왕토끼에게 줄을 서고 날마다 잔치를 여는 것보다 친구들이 힘겹게 이고 있는 물동이를 들어 주는 것이 친구를 만드는 데엔 훨씬 큰 도움이 되었을 거야."

"……"

"네가 진정 잠을 깨워줄 친구를 원한다면 먼저 상대방에게 네가 어떤 도움을 줄 수 있을지 생각해 봐. 따뜻한 마음으로 욕심 없이 도움을 준다면 머지않아 모두 네 친구가 될 수 있을 거야."

많은 사람들이 인맥에 대해 종종 오해를 한다. 인맥이라고 하면 혈연, 학연, 지연의 '3연'부터 불쑥 떠올리거나 누가 실세인지 재빨리 파악하여 줄을 서는 것으로 생각한다. 아니면 아는 사람이 많은 것을 인맥이 넓은 것으로 생각하기도 한다.

그 때문에 정작 인맥이 무엇인지, 자신의 경력을 위해 어떻게 인맥을 만들고 유지해 나갈 것인가에 대한 진지한 고민은 하지 않고 자신의 인맥을 폄하하거나 우쭐해하는 사람을 종종 찾아볼 수 있다. 하지만 섣부른 오해는 수많은 기회들을 스스로 버리는 것과 같다.

단순히 누구를 안다는 차원이 아니라 실제로 상호간에 얼마나 영향력이 있는 존재인지를 아는 사람만이 진정한 인맥을 만들어 나갈 수 있다. 아무리 많은 사람과 알고 지낸다 하더라도 정작 내가 도움이 필요할 때, 혹은 상대방이 도움을 필요로 할 때 외면하는 사이라면 진정한 의미의 인맥이라 보기 어렵다. 그저 만나서 웃고 즐기는 100명보다 정보망이 될 수 있는 한 사람, 더 나아가 당신의 잠을 깨워줄 바로 그 한 사람을 관리하는 것이 더욱 중요한 때다.

당신은 사람에게 얼마만큼 투자하고 있는가

토달이의 진심 어린 충고에 토맹이는 기운을 차렸다. 전처럼 뜀박질 연습도 다시 시작했다. "그래, 진정한 친구를 사귀는 것은 뜀박질을 연습하는 것처럼 인내와 끈기가 필요한 거야."

"토맹아, 우리 함께 토끼산 꼭대기에 올라가 볼까? 지난번 거북이와의 경주에선 아깝게 실패하고 말았지만 우리 둘이 힘을 합치면 쉽게 오를 수 있을 거야."

"좋아, 이번엔 힘을 합쳐 꼭 성공하고 말 거야." 하고 토맹이가 말했다.

다음 날, 토맹이와 토달이는 토끼산 꼭대기로 향했다. 둘은 노래를 부르며 즐거운 마음으로 깡충깡충 산을 올랐다.

얼마를 갔을까? 갑자기 하늘이 어두워지더니 멀리서 먹구름이 몰려왔다.

"서둘러야겠는걸. 소나기가 오려나 봐." 짙게 내려앉은 구름을 보며 토달이가 말했다.

"어쩌지? 비가 오면 산꼭대기에 오르기 어려울 텐데……." 걱정 가득한 표정으로 토맹이가 말했다.

주변은 벌써 깜깜해졌고 큰 빗방울이 떨어지기 시작했다.

"너무 걱정하지 마. 조금만 가면 너구리가 사는 굴이 있어. 거기서 잠시 비를 피하면 문제없어." 토달이가 토맹이를 안심시키며 말했다.

둘은 쏟아지는 빗줄기를 뚫고 최선을 다해 뛰었다. 잠시 후 둘의 눈앞에 희미한 불빛이 나타났다.

"여기가 바로 너구리의 집이야." 토달이가 말했다.

"너구리야, 내가 왔어. 잠시 비를 피해 가도 되겠니?"

"물론이지. 토달아. 어서 와! 여기서 편히 쉬었다 소나기가 그치면 가도록 하렴."

너구리는 둘을 반갑게 맞아주었고 비에 젖은 그들에게 따뜻한 차를 대접했다.

소나기가 그치자 몸을 녹인 둘은 다시 출발했다. 언제 그랬냐는 듯이 날은 활짝 개었다.

둘은 소나기를 피하느라 써버린 시간을 만회하기 위해 지름길로 접어들었다. 길이 조금 험하긴 해도 산꼭대기까지 가는 가장 빠른 길이었다.

"헉! 헉!"

숨을 몰아쉬며 열심히 뛴 그들은 계곡에 다다랐다. 토맹이는 깜짝 놀랐다. 좀 전에 내린 소나기로 계곡물이 엄청나게 불어 있는 것이었다. 계곡을 가로지르는 나무 다리도 불어난 계곡물에 쓸려가 버려 계곡을 건널 방법이 없었다.

"앗, 나무 다리가 떠내려가 버렸네. 이제 어떻게 하지? 우린 계곡을 건널 수 없어." 안절부절 못하며 토맹이가 말했다.

그런데 토달이는 골똘히 생각에 잠겨 물 속을 바라보더니, 문득 무언가가 떠오른 듯 물을 향해 소리쳤다.

"물고기들아! 나를 도와줘!"

그러자 어디선가 물고기떼가 모여들었다. 물고기들은 마치 징검다리처럼 차례로 줄을 섰고 토맹이와 토달이는 물고기들의 등을 딛고 강을 건너갔다.

"고마워, 물고기들아!" 강을 건넌 토달이가 손을 흔들며 물고기들에게 말했다.

"잘 가! 산꼭대기까지 무사히 올라가렴!" 물고기들도 토달이에게 말했다.

토맹이는 어려운 상황마다 아무 조건 없이 도움을 주는 친구들이 있는 토달이가 무척 부러웠다.

"토달아, 난 네가 토끼마을 친구들하고만 사이가 좋은 줄 알았어. 그런데 이제 보니 산 속의 너구리, 계곡의 물고기들도 모두 네 친구들이더구나." 하고 토맹이가 말했다.

"응. 너구리는 숲 속 동물들의 모임에서 만났는데 뜻이 잘 통해서 친구가 될 수 있었어. 난 가끔씩 너구리에게 우리 마을 소식도 알려주고 산 속에서 구하기 힘든 맛난 음식을 가져다주기도 하지."

"그럼 물고기들은?"

"언젠가 내가 계곡에서 물을 마시고 있는데 커다란 그물에 물고기들이 걸려 있지 뭐야? 빠져나오려고 몸을 움직일수록 비늘이 그물에 걸려 더 고통스러워하는 거야. 그래서 있는 힘을 다해 그물을 걷어주었어. 그 후로 물고기들과도 좋은 친구가 되었지."

"아, 그랬구나. 그런데 오늘처럼 이런 일이 있을 줄 알았던 거야?"

"물론 그런 건 아냐. 가끔 산에 오르거나 계곡에 갈 때면 꼭 인사를 나누긴 했지만 말야."

"아무튼 이렇게 멋진 친구들을 가진 네가 부럽구나."

'깡충! 깡충!' 열심히 산을 오른 토맹이와 토달이는 이윽고 커다란 바위 앞에 이르렀다.

"이제 저 바위만 넘어가면 맛있는 당근들이 있어."

둘은 안간힘을 쓰며 바위를 올라가려 했다. 그런데 너무 지친 탓이었는지 계속 미끄러지기만 하는 것이었다. 엎친 데 덮친 격으로 바위에는 이끼들이 가득해 아무리 애를 써도 도저히 바위에 오를 수 없었다. 결국 토맹이와 토달이는 지쳐 쓰러지고 말았다.

이때 어디선가 토달이를 부르는 소리가 들렸다.

"토달아, 무슨 일이니? 왜 거기 쓰러져 있는 거야?"

소리가 들리는 쪽으로 고개를 들어 보니 바위 꼭대기에 커다란 독수리가 앉아 있는 것이 아닌가!

"독수리 님, 저희는 지금 바위 너머에 있는 당근 밭에 가려고 해요. 그런데 바위가 너무 미끄러워 도저히 오를 수가 없어요." 토달이가 말했다.

그러자 독수리는 땅으로 내려와 그들을 등에 태우고 훌쩍 날아올랐다. 그리고는 단숨에 바위 너머로 그들을 데려다주었다. 그들을 내려준 독수리는 날개를 활짝 펼치고 먼 산등성이로 날아갔다.

토맹이는 자신이 본 광경을 도저히 믿을 수가 없었다. 독수리라면 모든 동물들의 존경과 선망을 한 몸에 받고 있는 동물인데, 아무리 친구가 많은 토맹이라도 독수리를 아는 것은 쉬운 일이 아니기 때문이다.

"토, 토달아. 이게 어떻게 된 일이니? 독수리 님이 어떻게 너를 아는 거니?"

"나도 의외야. 독수리 님은 내가 존경하는 분이라 가끔 우리 마을로 내려오거나 가까이서 볼 기회가 있을 때마다 인사를 드렸지만, 나를 기억할 줄은 상상도 못했어. 더군다나 이렇게 큰 도움을 받을 줄이야……." 토달이도 놀란 표정을 지으며 말했다.

토맹이와 토달이는 한참 동안 서로의 얼굴만 바라보다가 곧 정신을 차리고 사방을 둘러보았다. 그곳에는 말로만 듣던 세상에서 가장 맛있는 당근 밭이 끝없이 펼쳐져 있었다. 그들은 온갖 고생 끝에 세상에서 가장 맛있는 당근을 실컷 먹게 되었다.

어떤 일이든지 단기적인 시야에서 출발하면 순간의 이익을 창출하는 데 그치고 만다. 진정으로 성공하길 원한다면 장기적인 목표 아래 전략과 실천 방안을 세우고 과감히 투자해야 한다. 인간관계에서도 마찬가지다. 토달이와 같이 즉각적인 효과를 기대하지 않고 장기적인 관점으로 과감히 사람들에게 투자하면 결정적인 순간에 그 빛을 발할 수 있을 것이다. 이때 필요한 투자는 사람에 대한 끊임없는 관심과 애정이라는 사실을 명심하자.

당신의 인맥 지수를 측정하라

현재 당신의 인맥은 어떤 수준일까? 인맥에 대한 마음가짐을 비롯하여 양적·질적 인맥의 폭과 깊이가 어느 정도인지를 알아보자.

각 문항에 대해 너무 오래 생각하지 말고 즉시 떠오르는 대로 선택하라.

● **체크리스트**

질문	매우 그렇다	그렇다	보통 이다	아니다	전혀 아니다
나에게 있어 가장 중요한 자원은 사람이다					
새로운 사람을 알게 되는 것이 즐겁다					
네트워크를 이어가면 만나지 못할 사람은 없다고 생각한다					
사람을 통해 새로운 기회를 찾은 경험이 있다					
사람을 사귀는 일이라면 자신 있다					
동료들에 비해 업무상 알고 지내는 지인의 수가 많은 편이다					
곤경에 처했을 때 전화 한 통이면 곧바로 나와 줄 친구가 있다					
어떤 일을 할 때 성공적으로 달성할 수 있도록 도움 줄 사람을 알고 있다					
어느 집단에서건 영향력 있는 사람들과 먼저 관계를 만든다					
업무 관련 포럼이나 커뮤니티에 정기적으로 참가하고 있다					
경쟁사에서 나와 같은 일을 하는 사람과 가끔 정보 교환을 한다					
내가 속한 업계의 정보는 신문이나 잡지보다 항상 먼저 알고 있다					
업무상 알게 된 사람과 종종 개인적인 친분을 맺는다					
사내의 소식을 공식 발표 전에 알게 되는 경우가 많다					
점심식사는 외부 사람과 함께 할 때가 많다					
회사 동료의 경조사에는 빠지지 않고 참석한다					

질문	매우 그렇다	그렇다	보통이다	아니다	전혀 아니다
다른 부서 직원들과 퇴근 후 술자리를 종종 가진다					
동창회 명부는 최신의 것으로 구비하고 있다					
업무와 상관없는 분야의 커뮤니티 활동에 적극 참여하고 있다					
내 분야에 있어서만큼은 종종 다른 사람들이 나에게 조언을 구하곤 한다					
실력 향상을 위해 별도의 교육이나 세미나에 참석한다					
중요한 사람들에게는 정기적으로 이메일을 발송하거나 안부전화를 건다					
한 번 인사를 나눈 사람의 이름은 반드시 기억한다					
다른 사람의 요청이나 문의에 언제나 빠른 피드백을 취한다					
상대방이 나의 첫인상에 대해 어떻게 생각할지를 염두에 둔다					
의견이 다를 때 상대방의 말을 먼저 경청한 후 내 의견을 제시한다					
명함집은 항상 최신의 명함으로 정리되어 있다					
인맥 관리를 위한 나만의 노하우가 있다					

● **채점**

각 질문에 대해 매우 그렇다 → 4점, 그렇다 → 3점, 보통이다 → 2점, 아니다 → 1점, 전혀 아니다 → 0점으로 계산한다.

● **결과**

101점 이상 : 인맥의 달인

당신은 인맥의 달인이다. 인맥의 중요성을 이미 잘 알고 있으며 어떻게 활용해야 하는지에 대해서는 경험적으로 체득하고 있다.

당신의 인맥은 양적으로 풍부하며 질적으로도 깊이가 있다. 당신 곁에는 당신을 지지하고 도와줄 사람이 많다. 그들은 모두 당신의 보이지 않는 경쟁력으로 작용하고 있을 것이다. 당신은 이런 인맥을 통해 정보를 수집하고 자신의 것으로 만드는 능력을 가지고 있다. 이를 바탕으로 앞으로 더욱 풍성한 인맥을 형성해 나가야 한다.

이때 경력 관리상 당신이 속한 단계가 어느 위치인지 파악하는 것이 중요하다. 아직 신입 사원의 단계라면 인맥 확장에 신경 써야 할 것이고, 관리자나 임원의 단계라면 확보된 인맥들과 윈-윈(win-win)할 수 있는 활용 방법에 더욱 신경을 써야 한다.

다만, 너무 형식적인 관계에 집착하거나 반대로 너무 개인적인 인맥으로 치우치지 않도록 유의해야 한다. 당신에 대한 다른 사람들의 평에 귀를 기울이는 것도 중요하다. 당신은 자신의 이익을 위해 사람을 이용하는 사람이라거나 인간미가 없는 사람이라는 평을 들을 수도 있다. 폭과 넓이의 균형을 유지하고 언제나 진실한 마음으로 상대를 대한다면 당신은 진정한 인맥의 달인이 될 것이다.

81~100점 : 인맥 고수

당신은 어디에 있는 누가 중요한 사람인지를 직감적으로 알고 있다. 도움이 필요할 때 누구에게 도움을 청해야 하는지도 알고 있다. 인맥에 대한 나름대로의 전략도 이미 짜여져 있는데다 자기계발을 위한 노력과 적극적인 자기 PR 의지를 갖고 있기 때문에 한 사람을 만나도 그냥 지나치는 법이 없다.

하지만 가끔은 한계에 부딪히는 경험을 하게 된다. 인맥을 잘 관리하고 인간적으로 깊은 유대관계를 형성하고 있는데도 더욱 큰 개념의 공감대 형성이 부족한 탓이다. 그런데 당신이 느끼는 한계는 당신이 이미 인맥 관리에 있어 목표와 전략이 뚜렷하기 때문에 인식하는 것이다. 따라서 한계를 경험하는 것 자체가 소중한 자산이며 얼마든지 극복할 능력까지 겸비하고 있다는 자신감을 갖도록 하자.

당신의 인맥관계에서 필요한 것은 친분 이상의 목표, 가치에 대한 공유다. 이러한 대의적인 공감대가 형성된다면 먼저 요청하지 않아도 당신이 필요로 하는 정보가 당신에게 오게 될 것이다.

61~80점 : 인맥 1단

현재 가지고 있는 인맥 정도면 현재 당신의 위치에서 특별한 곤란을 겪지는 않을 것이다. 주변 동료들에 비해 사내에서나 대외적으로도 친분과 교류를 나누는 이들이 많다. 그런데도 나만 알고 있는 정보는 그리 많지 않은 편이다. 인맥 폭이 넓으면 깊이가 얕고, 깊이가 깊으면 폭이 좁기 때문이다.

당신은 주변에서 좋은 사람이란 말을 많이 듣는다. 하지만 정작 얼마나 실속이 있는지는 따져보아야 할 것이다. 사람을 좋아하고 또 사람들이 당신을 좋아하지만 이를 자신의 경쟁무기로 만들려면 여기서 더 나아가 서로에게 도움이 되는 것이 어떤 것인지 살펴보아야 한다.

만약 그동안의 인맥 관리가 맹목적인 술자리나 여흥이 대부분이었다면, 이런 모임을 스터디 그룹이나 정보 교류의 장으로 활용해 보자. 또한 업계의 포럼이나 커뮤니티에서 중요한 역할을 맡는 것도 좋다. 조금만 더 전략적으로 인맥을 관리한다면 당신의 인맥은 큰 힘을 발휘할 것이다.

41~60점 : 인맥 초보

당신은 사회적 지위와 상관없이 인맥에 있어서는 입문 단계라고 할 수 있다. 가족이나 몇몇 친하게 지내는 친구, 직장 동료들과는 좋은 관계를 유지하고 있다. 반대로 방대한 양의 명함이나 주소록을 가지고 있을 수도 있다. 그런데 그 주소록에 있는 이들에게 연락을 하면 그들은 당신을 기억하지 못하거나 그저 단편적인 기억만 가지고 있을 것이다. 당신은 이러한 기본적인 관계를 넘어서 새로운 인맥을 넓혀 나가는 것에 관심이 적거나 혹은 두려움을 느끼고 있다.

당신은 더욱 적극적으로 인맥을 만들어 나가도록 노력해야 한다. 단지 많은 만남을 가지라는 의미가 아니다. 한 사람을 만나더라도 자신의 생각과 목표를 보여주어야 한다. 더불어 당신이 상대방에게 어떤 유익한 존재가 될 수 있을지를 설명할 수 있어야 한다. 상호 간에 가치 있는 만남이 이루어질 때 자연스러운 교류가 형성되며, 그것이 쌓이면 바로 당신의 인맥이 되는 것이다.

이와 동시에 누군가를 만나게 되면 그 사람에 대해 최대한 많은 것을 이해하려는 노력이 필요하다. 상대가 어떤 생각을 가지고 있는지, 어떤 장점이 있는지, 인상착의는 어떠한지 알아야 한다.

이제부터라도 사람을 만나고 목표와 정보를 공유해 보라. 만남을 부담스럽게 생각할 필요는 없다. 적극적으로 보고 듣는 것부터 시작하면 된다. 목표나 정보의 공유는 이런 적극적인 만남을 통해 자연스럽게 형성될 것이다.

40점 이하 : 인맹(人盲)

인맥이라고 하면 가족과 몇몇 친구를 손에 꼽을 것이다. 당신은 동창회나 전문적인 모임에는 거의 참석하지 않거나, 참석하더라도 중요한 역할은 하지 않는다. 사람들로부터 정보를 얻거나 중요한 자료를 입수하는 일은 거의 없다. 또한 다른 사람들이 나에 대해 어떻게 생각하는지도 별 관심이 없는 편이다. 새로운 사람을 만나 의견을 나누고 관계를 맺는 것에 두려움을 느낄 수도 있다.

그런데 이런 무관심과 두려움은 시간이 지날수록 더 증폭된다. 사회적인 활동을 하고 있는 사람이라면 이것이 얼마나 치명적인 결과를 불러일으키는지 알고 있을 것이다. 대부분의 사람들은 인맥을 통해 원하는 것을 얻거나, 통상적인 만남을 가진다. 이것을 통해 생각을 공유하고 서로 도움을 주고받는 것은 지극히 당연한 일이다.

인맥 형성을 시작하기 전에 먼저 이러한 무관심과 두려움을 떨쳐 버려야 한다. 어떻게 시작해야 할지 모르겠다면 이미 만들어져 있는 정기적인 모임에 참여해 보라. 주제가 있는 모임이라면 더 좋다. 사람부터가 아닌 주제부터 관심을 가지면서 서서히 관계를 만들어 나갈 수 있다. 이렇게 하나 둘씩 모임을 확장해 나가다 보면 의미 있는 관계를 형성하는 방법을 스스로 체득하게 될 것이다.

또 주변 사람들에게 마음을 여는 것도 중요하다. 내가 생각하고 있는 바를 먼저 꺼내면 상대방의 생각도 들을 수 있게 된다.

2장 인맥 관리 십계명

 한 시간에 한 번은 "안녕하세요", "고맙습니다" 하고 말하라

좋은 인맥, 좋은 인간관계를 구축하는 데 가장 먼저 해야 할 것은 '인사'다.

"인사가 뭐 그리 중요하겠어. 실력이 중요하지."

"다 아는 사이에 뭘……."

"저 사람보다 내가 높은데 왜 내가 먼저 인사해야 돼?" 하고 대수롭지 않은 일로 생각한다면 큰 오산이다.

원래 인사는 상대방에게 '나는 적의가 없다'라는 의사를 표현하는 것에서 비롯되었다. 고대 수렵 사회에서는 모르는 사람이 모두 적이었다. 따라서 내가 당하지 않기 위해서는 상대를 공격해 쓰러뜨려야 했다. 그런데 사회가 발전하면서 굳이 다른 사람을 쓰러뜨리지 않아도 되는 질서가 만들어졌고, 그 과정에서 생겨난 것이 바로 인사다.

현대 사회에서 인사는 사람에 대한 존경과 친절을 표현하는 형식이며, 인간관계를 원활하게 하는 가장 중요한 매너이다. 인사는 잘 아는 사이에서는 관계를 매끄럽게 하는 윤활유가 되며, 처음 만난 사람과는 친구가 되는 첫 단추가 된다.

예를 들어 출근길에 버스나 지하철에서 매일 마주치는 사람이 있다고 가정해 보자. 몇 달 동안 얼굴을 마주쳤지만 이 사람을 안다고 할 수는 없다. 그런데 누군가 먼저 "안녕하세요" 하고 인사를 건네면 자연스럽게 대화를 나눌 수 있고 아는 사이가 될 수도 있다.

업무상의 만남에서도 미소 띤 인사는 계약에 결정적 역할을 하는 경우가 많다. 밝은 미소로 반갑게 인사를 건네는 사람에게는 프로페셔널한 직장인으로서의 분위기가 느껴지기 때문이다.

"예절이 바르군. 왠지 일도 잘할 것 같아."

"인상이 참 좋군. 저런 사람이라면 어디서든 환영받을 거야."

또한 활기찬 인사는 상대방의 태도까지 바꾸게 한다. 밝은 목소리로 눈을 마주치며 "안녕하세요", "반갑습니다" 하고 인사하는 사람에게 무뚝뚝한 표정을 지을 사람은 없다. 이런 인사를 받으면 자신도 모르게 허리를 숙여 인사하게 되는 것이다.

그런데 많은 사람들이 상대방의 인사에는 예민하게 반응하면서도 자신의 인사법에 문제가 있는지는 생각하지 않는다. 인사가 그리 어려운 일이 아니라고 생각하기 때문이다. 자신의 인사법에 문제가 있는지를 알아보기 위해 간단한 실험을 해보자.

우선 인사하는 날을 하루 정한다. 이 날은 눈을 뜨면서부터 만나는 모든 사람에게 먼저 인사한다. 이때 인사는 활기찬 목소리와 밝은 표정이 겸비되어야 한다. 거울을 보고 미리 연습을 해보는 것도 좋다. 이렇게 하루를 보내면 가족, 친구, 상사, 직장 동료, 버스기사, 지하철에서 발을 밟은 사람, 건물 경비원과 청소부…… 아마도 적지 않은 사람들에게 인사를 하게 될 것이다.

이런 방법을 통해 자신의 평소 인사법에 어떤 문제가 있었는지를 스스로 발견할 수 있다. 더불어 가까이 있으면서도 인사조차 하지 않고 지냈던 사람들을 발견하는 보너스까지 얻을 수 있다. 실제로 필자가 몇몇 지인들에게 이 방법을 알려주었다. 평소 스스로 인사를 잘한다고 자부하던 사람들도 이렇게 의식적으로 인사를 해보니 자신의 인사가 얼마나 형식적이고 성의 없었는지를 깨닫게 되었다고 한다.

인사는 좋은 습관이다. 좋은 습관은 당신의 생각을 긍정적으로 바꿀 것이며, 긍정적인 생각은 당신의 인맥을 풍성하게 만들어줄 것이다.

습관처럼 한 시간에 한 번은 상대와 시선을 맞추며 "안녕하세요", "감사합니다"라고 표현해 보자. 화려한 언변이나 외모, 대단한 학식보다도 상대방을 내 편으로 끌어들이는 데 강력한 힘을 발휘할 수 있을 것이다.

문을 꼭꼭 걸어 잠그고 지냈던 이웃에게 "안녕하세요" 하고 인사를 먼저 건네자. 회사를 들어설 때, 아침 조회시간이나 회의시간에 마주치는 동료들에게도 "반갑습니다", "좋은 아침입니다"라고 먼저 인사해 보자. 화장실에서도 식당에서도 언제나 먼저 인사하는 사람이 되라. 그리고 사소한 도움에도 감사를 표현하라. 그리하면 자신도 모르는 사이에 당신 주변에는 수많은 지지자들이 모여들게 될 것이다.

계명 2 하루에 한 번은 인맥 다이어리를 체크하라

현대인이라면 누구나 다이어리 하나쯤은 가지고 있을 것이다. 날짜별 메모가 가능한 수첩형 다이어리, 가죽 커버로 만들어진 고급 양장 다이어리, 내지만 바꾸면 반영구적으로 사용할 수 있는 시스템 다이어리, 한 손에 쏙 들어가는 최신형 PDA나 PC용 다이어리까지 그 형태도 무척 다양하다.

그런데 제아무리 훌륭한 다이어리라 하더라도 어떻게 활용하느냐에 따라 그 쓰임새는 천차만별이다. 해마다 값비싼 고급 다이어리를 사서 한두 달을 채우지 못하고 책장에 꽂아두는 사람들이 의외로 많다. 반면에 성공적인 인간관계를 만들고 있는 사람들은 다이어리를 자신만의 전용 미디어로 적극 활용한다.

다이어리라고 하면 흔히 시간 관리만 생각하기 쉽지만 인맥 관리를 위해서도 다이어리는 필수품이다. 다이어리는 불분명하고 추상적인 인맥의 개념을 구체적으로 그려줄 수 있기 때문이다. 지금까지 다이어리를 그저 메모장으로만 생각하고 있다면 이제 다이어리를 펴고 새로운 인맥을 만들기 위한 좋은 밑거름으로 활용해 보자.

가장 먼저 해야 할 일은 주소록을 만드는 것이다. 단, 기존의 방식대로 가, 나, 다 순으로 이름만 적어서는 자신의 인맥을 정리하기 힘들 뿐 아니라, 인맥 내부의 연결 관계도 찾기 어렵다. 인맥 관리를 위해서는 그룹별로 주소록을 정리하는 것이 좋다. 가족, 회사 사람, 경쟁사 직원, 거래처, 동창, 모임, 포럼 참가자 등 자신이 주로 활동하는 그룹을 중심으로 색인을 나누어 정리해 보자. 추가할 사람과 삭제

할 사람의 정리가 간편할 뿐 아니라 비상 연락망으로도 활용할 수 있다. 또한 사람들의 조직도기 한눈에 보여 해당 그룹에서 나의 위치를 파악할 수 있다는 장점도 있다.

주소록을 정리했다면 이제 업무 스케줄 관리의 노하우를 인맥 스케줄에 적용해 보자. 우선 한 해의 목표를 세운다. 그 후 매월 초 월간 계획표에 그달의 인맥 목표와 계획에 대한 그림을 그려본다. 어떤 분야의 사람을 만날 것인지, 꼭 관리해야 할 사람은 없는지 등에 대해 계획을 세우게 되면 새로운 문제점도 발견할 수 있다.

그리고 나서 매주 1회, 이 주에 만나거나 연락해야 할 사람을 다시 정리하면서 실현 가능한 계획을 다시 한번 점검한다. 이때 만남의 계기와 친밀도를 함께 정리해 두면 월별·연별의 패턴을 파악하는 데 도움이 된다.

또한 세부적인 실천사항은 매일 아침 업무를 시작하기 전, 5분씩 투자하여 계획한다. 매일의 생활 패턴에 맞추어 세운 계획에 따라 실천하고 실행한 사항에 대해서는 그에 해당하는 표시를 해 두도록 한다. 처음에는 번거로울 수도 있으나 자신의 계획표를 만들어 가듯 정리하는 과정을 통해 자신에게 필요한 인맥을 찾아갈 수 있게 될 것이다.

만일 새로운 사람을 만나거나 외부와의 접촉이 드물어서 빈 공간만 생길 뿐이라고 걱정한다면 당신의 인맥이 소극적이라는 것을 여실히 증명하는 것이다. 이런 경우는 더 적극적인 인맥 발굴이 필요하다는 각성의 계기로 사용할 수도 있다. 이렇게 하루에 한 번씩 다이어리를 점검해 나가면 자신의 인맥을 객관적으로 파악할 수 있어 더욱 체계적인 인맥 관리가 가능해진다. 이를 통해 지나치게 산만한 인간관계는 자연스럽게 정리하고 부족한 인간관계는 채워 나가는 자신만의 노하우를 발견하게 될 것이다.

Yearly Diary 2003년

개인	직장
*경영학 지식 습득	*일본 시장 개척
• 월 1권씩 관련 서적 탐독	• 일본 협회 관계자 교류
• 경영학 동호회 가입	• 일본 내 잠재 거래처 부장급 이상 관계자 접촉(30개사 이상)
• 하반기 경영대학원 준비 시작	
*테니스 실력 중급으로 향상	*업계 정보지에 칼럼 기고
•	•
•	•
•	•

Monthly Diary 8월

Mon	Tue	Wed	Thu	Fri	Sat	Sun
				1 윤희문 교수 미팅	2	3 테니스 클럽 참가
4	5 ○○사 취지원 부장 미팅	6 ○○사 황연희 사장 전화	7	8 ○○경제신문 진대정 기자 전신	9	10 ○○테니스 클럽 참가
11 ←	12	13	14	15 →	16	17

일본출장(도쿄)

이 달의 목표
1. 일본 출장시 일본 ○○협회 방문 : 나카무라 회장 등 일본 현지 관계자 교류
2. ○○사(거래처) 김충식 부장과 교류(마지막주)

Weekly Diary 8월 셋째 주

요일	오늘 만나야 할 사람	메모
Mon	12:00 김연정 씨 (업무/1) 전화 16:00 (주)데이콤 박 부장님(거래/2) 방문	● 이 주에 만나야 할 사람 　○○사 마케팅 담당자
Tue	14:00 e-Biz Club 서면정 사무국장	● 어록
Wed	16:00 ○○사 마케팅 담당 조연주 씨 미팅	* 김연정 씨: "피터 드러커의 『프로페셔널의 조건』을 보면
Thu	12:00 기획실 편정기 씨와 식사 15:00 ○○일보 황수길 기자 전화 컨택	미래가 아니라 현재를 위해 혁신하라는 말이 나옵니다."
Fri	19:00 친구 이현국 생일 파티	● 실천사항
Sat		* 피터 드러커 『프로페셔널의
Sun		조건』 읽어보기

계명 3 이틀에 한 번은 감사 메일을 보내라

"아, 저 사람. 예전에 한번 만난 적이 있었는데, 그때 좀 적극적으로 친해 두었더라면……."

"안면은 있지만 갑자기 연락하자니 좀 쑥스러운데……."

사회생활을 하다 보면 이런 생각들을 자주 하게 된다. 특히 무언가 중요한 정보나 도움이 필요할 때 '저 사람이라면 이 일에 관해 누구보다 많은 정보를 가지고 있을 텐데……' 라고 번뜩 생각나는 경우가 있다. 하지만 평소에 소식 없이 지내다가 갑자기 필요할 때 연락하는 얌체족의 인상을 심어주는 건 아닐까 두려워 포기하는 경우가 많다.

그렇다고 특별한 일이 없는데 전화를 걸거나 만나는 것은 번거롭고 부담스럽기만 하다. 이런 부담감을 줄이면서 자연스럽게 인연을 맺어 가는 방법으로 이메일을 활용하는 것이 좋다. 요즘은 대부분의 사람들이 이메일을 가지고 있기 때문에 이메일만 잘 활용해도 꾸준한 관리를 할 수 있다.

필자의 경우 많은 업무를 이메일로 처리하기 때문에 하루에도 100여 통의 이메일을 주고받는다. 물론 업무상 주고받는 메일이 주를 이루지만, 하루에 한두 통씩은 최근에 연락이 뜸해진 지인들이나 인사만 나누었던 사람들과 안부를 주고받는 것이 꼭 포함된다.

이렇게 하면 상대방은 안부 인사를 받은 것에 고마워할 뿐 아니라, 나에게 왠지 작은 빚을 진 느낌을 갖게 된다. 그리고 곧 나에 대한 좋은 기억으로 연결되어 언젠가 다시 만나게 되었을 때 상대방이 나를 가까운 사람으로 여기게 되는 것이다. 때때로 상대방이 먼저 나에게 무언가 도움을 줄 방법을 찾아주기도 한다.

그렇다고 한꺼번에 욕심을 낼 필요는 없다. 연락이 끊어진 사람들의 이메일 주소를 몽땅 찾아서 한꺼번에 '그동안 잘 지내셨습니까? 덕분에 저도 잘 지내고 있습니다'라고 메일을 보내는 것은 아무 소용이 없다.

안부 메일은 상대방에 대한 진심 어린 관심에서 비롯되어야 한다. 특히 상대방의 관심사에 대한 적극적인 관심을 보여주어야 한다. 여기에 당신과 상대방이 함께 했던 공통의 기억을 끄집어내어 서로에게 유익한 존재임을 알리는 것이다.

적어도 이틀에 한 번은 안부 메일을 보내보자. 보낼 대상은 최근에 만난 사람과 오랫동안 연락이 뜸했던 사람을 번갈아가며 하는 것이 좋다. 한 번에 한 사람에게만 메일을 보내도 한 달이면 15명, 석 달이면 약 50명의 사람들에게 안부를 전할 수 있다.

처음에는 좀 부담스러울 수도 있지만 메일을 쓰는 동안은 그 사람에 대해 깊이 생각할 수 있어서 메일을 보내는 것 자체가 즐거운 일이 된다. 더불어 오랫동안 연락이 끊어졌던 이들과 인연의 끈을 다시 이을 수 있는 기쁨도 맛보게 될 것이다.

계명 4 사흘에 한 번은 점심 약속을 하라

오늘 점심시간을 떠올려 보자. 어디서 누구와 함께 식사를 했는가? 혹시 어제 점심을 함께했던 사람들과 오늘도 함께 식사를 했는가? 1주일째, 한 달째, 혹은 1년 내내 같은 사람들과 점심을 먹는다면 필시 당신의 인맥 관리에는 문제가 있다. 그렇다면 점심식사는 늘 같은 사람들과 하지만 저녁마다 다른 사람들을 만난다면 문제가 없을까? 이 역시 문제가 있다. 그만큼 시간을 효율적으로 활용하지 못한다는 뜻이기 때문이다.

사람을 만나는 것은 인맥 관리에 있어 빼놓을 수 없는 요소다. 그런데 저녁시간에 약속을 잡으면 시간도 많이 뺏길 뿐 아니라 자칫 가족에게 소홀해질 수도 있다. 물론 비용도 만만치 않다. 하루 빨리 인맥 관리를 시작하라고 하면 많은 직장인들이 인맥 관리의 고통을 호소하곤 한다.

"한 사람이라도 더 만나려고 저녁마다 수많은 약속을 하다 보니 정작 가족들에게는 소홀해지고 말았어요. 가끔은 이러다가 아이들이 아빠 얼굴도 기억하지 못할까 걱정입니다."

"저녁 약속은 곧 술자리로 이어지기 때문에 사실 부담스럽죠."

"아무래도 저녁에 약속을 잡으면 비용이 많이 들죠. 같은 식당이라도 저녁때는 조금 더 비싸니까요."

"퇴근 후엔 영어학원에 가거나 운동을 하려고 하는데, 이런저런 약속 때문에 빠지게 될 때가 많습니다."

그러나 조금만 생각을 바꿔 점심시간을 활용한다면 훨씬 효율적인 인맥 관리가 가능하다.

증권회사에 근무하는 김기수 대리는 점심시간 예찬론자다. 그는 1주일에 한두 번은 꼭 밖에서 식사를 한다. 그는 점심시간이야말로 인맥 확장을 위해 가장 유용한 시간이라고 말한다. 점심시간에는 약속을 쉽게 잡을 수 있다. 뿐만 아니라 저녁에 비해 식사 비용도 저렴하게 든다는 것도 장점이다. 특히 그가 주로 이용하는 외부 식당은 상대방의 회사 근처 식당이나 구내 식당이다.

다른 회사의 구내 식당을 보면 그 회사의 분위기를 파악할 수 있을 뿐 아니라 상대방으로부터 상사나 동료를 소개받을 수도 있기 때문에 인맥을 넓힐 수 있는 곳이라고 적극 추천한다.

대부분의 직장인들은 외근이 많은 영업직이 아닌 경우에는 점심을 구내 식당이나 회사 주변의 식당에서 동료들과 함께 해결하는 경우가 많다. 물론 점심시간에 직장 동료들과 이야기를 나누면서 스트레스도 풀고 문제 해결점을 찾아가는 것도 유익한 일이다. 그러나 1주일에 대여섯 번을 모두 직장 동료들과 함께한다면 인맥을 넓히는 일은 더더욱 소원해질 수밖에 없다.

　이제 점심시간에는 회사를 벗어나 보자. 점심시간이야말로 다양한 사람들과 만날 수 있는 기회다. 저녁이나 휴일처럼 사적인 일로 약속 잡기가 힘들 때 굳이 만나려고 애쓰지 않고 만날 수 있다는 것도 보너스다.

5계명 1주일에 한 번은 오직 나만을 위한 시간을 가져라

　'왕따가 되면 어떡하지?'
　대부분의 사람들은 혼자가 된 느낌, 즉 외로움을 두려워한다. 여기 저기 모임에 나가는 것도 궁극적으로는 혼자 있기가 싫기 때문이 아닐까.
　특히 늘 많은 사람들 속에서 시간을 보내는 직장인들은 혼자 남겨지는 시간을 활용하는 데 능숙하지 못하다. 인맥에 관심이 있는 사람이라면 더욱 사람들과의 만남에 촉각을 세우게 마련이다. 그러나 좋은 인간관계를 위해서 언제나 다른 사람과 함께 있어야 하는 것은 아니다.
　만일 당신이 누군가의 조언 없이 결정을 내리지 못하는 사람이라면? 혼자 있을 때 불안을 느끼고 있다면? 단순히 사람들을 좋아하기 때문이라고 치부해 버리기에는 문제가 있다. 사소한 일조차 혼자 결정하지 못하는 의존적인 사람은 다른 사람들을 피곤하게 만들기 때문에 장기적인 관계에서는 오히려 사람들이 가까이하기를 꺼리게 된다. 특히 전화도 없이 불쑥 상대방을 방문하는 사람은 상대의 시간

관리 리듬을 깨뜨릴 수도 있다는 것을 알아야 한다.

필자의 경우 늘 많은 사람들을 만나지만 때로는 의도적으로 혼자만의 시간을 만들곤 한다. 이런 시간을 통해 주변을 정리하고 나 자신을 돌아보는 것이다. 이것은 곧 다른 사람들에 대한 이해나 배려로 이어지고 결국 사람들을 편안하게 대할 수 있는 여유를 가져다준다.

진정한 인맥의 달인이란, 자기 문제를 스스로 해결하면서 유쾌하게 인생을 즐길 줄 아는 사람이다. 아무리 상대와 막역한 사이라 하더라도 때때로 적당한 거리감은 유지할 필요가 있으며, 자신의 문제는 스스로 대처할 수 있는 독립적이고 자신감 있는 태도를 가져야 한다.

이것이 다른 사람을 끌어 모을 수 있는 매력적인 모습이라는 것을 잊지 말아야 할 것이다. 그렇다면 혼자만의 시간에는 무엇을 할 수 있을까? 가장 대표적인 것이 자기 자신에게 질문하며 사색의 시간으로 활용하는 것이다.

- 나의 목표는 무엇인가?
- 주변 사람들과의 관계를 향상시키기 위해 최선을 다하고 있는가?
- 나와 친한 사람은 누구인가?
- 내가 관리해야 할 사람은 어떤 사람들인가?
- 그런 사람들로는 현재 누가 있는가?

이러한 질문들은 당신의 생각과 행동을 결정하는 데 중요한 역할을 한다. 질문을 던지고 나면 그 질문에 대한 답변을 찾기 위해 진지하게 생각하기 때문이다. 예를 들어 '오늘 점심으로 무엇을 먹을까?'

라는 매우 간단한 질문조차도 오늘 나에게 주어진 점심시간은 어느 정도인지, 또 누구와 먹을 것인지를 검토하고, 자신의 기호와 예산까지 고려하도록 만든다.

인맥 관리를 효과적으로 하고 싶다면 내가 어떠한 인맥 구조를 갖고 있는지 확인한 후, 앞으로 관계를 어떻게 형성하고 유지해 나갈지에 대해 수시로 질문해 볼 필요가 있다.

틈나는 대로 내 주변에 누가 있으며, 나에게 정보를 제공해 줄 사람은 누가 있는지, 질문을 통해 스스로 자신과 대화할 수 있는 기회를 만들어 가면 굳이 타인의 대답을 기대하지 않아도 된다.

자기 자신에게 질문하고 사색할 수 있는 혼자만의 시간을 1주일에 한 번 정도는 만들어 보자. 인맥에 대해 점검하는 30분의 시간이 매주 당신의 인맥을 업그레이드시키는 데 큰 힘이 될 것이다.

계명 6 한 달에 한 번은 네트워킹 데이를 만들어라

2003년 5월, 필자들은 경력 3년 이상의 직장인 1,122명을 대상으로 인맥에 관한 몇 가지 설문조사를 실시하였다. '직장생활을 효과적으로 하기 위해 인맥이 필요하다고 생각하십니까?' 라는 질문에 응답자의 96%에 달하는 1,077명이 '직장인에게 인맥이 필요하다' 는 데 표를 던졌다.

그러나 구체적인 자신의 경우를 물어보는 '당신은 인맥 관리를 잘하고 있습니까?' 라는 질문에 응답자의 66%(738명)가 잘 못한다고 답했다. 인맥 관리를 잘 못하는 결정적 원인으로 42%(308명)가 관리 방법을 모르고 시간이 부족하기 때문이라는 의견을 내놓았다.

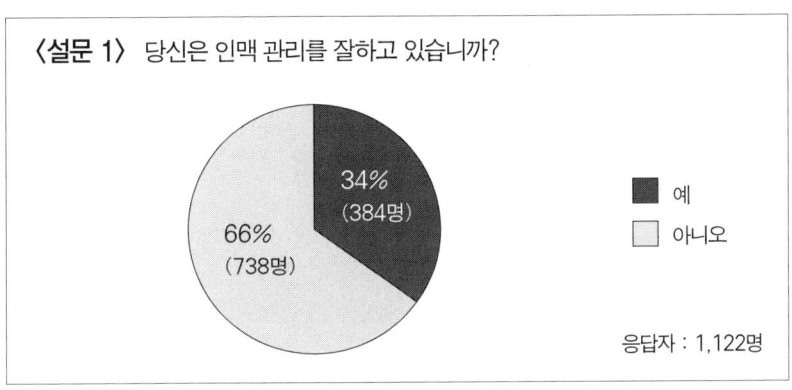

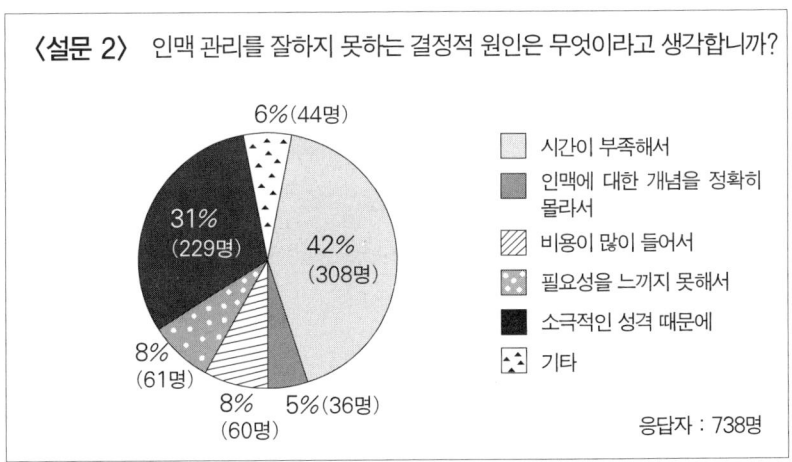

대부분의 사람들이 어떠한 문제에 부딪혔을 때 핑계거리로 가장 자주 언급하는 것이 바로 '시간 부족'이다. 그렇다면 과연 우리에겐

시간이 부족한 것일까?

당신의 24시간을 돌이켜 생각해 본다면 미처 발견하지 못했던 자투리 시간이 있다. 그리고 늘 이 시간을 충분히 활용하지 못한다고 아쉬워한다. 결과적으로 우리에겐 항상 시간이 부족하다. 평일엔 개인적인 일에 정신을 빼앗길 여유가 없는 경우가 허다하다.

그렇다면 자투리 시간 활용에 능숙하지 못한 많은 사람들은 인맥 관리를 포기해야 하는가?

그렇지 않다. 이에 대한 대안으로 제시할 수 있는 것이 바로 한 달에 한 번 '네트워킹 데이(Networking Day)'를 만드는 것이다.

네트워킹 데이란 그간 소홀했던 인맥들을 관리하면서 인맥 지수를 높이기 위해 투자하는 날이다. 자신이 지정한 일종의 기념일이라고도 할 수 있다. 네트워킹 데이는 자신의 스케줄에 따라 자유롭게 정하되, 매월 말일 또는 매월 넷째 주 일요일 등과 같이 날짜를 지정해 두는 것이 좋다.

그렇다면 이날은 무엇을 할 수 있을까?

사람들과의 관계를 개선하기 위한 날인만큼, 사람들을 모을 수 있는 이벤트를 진행해 보는 것이 좋다. 바쁘다며 만나지 못했던 사람들이나 관계가 충분히 무르익지 않은 사람들을 모아 가까운 산에 함께 올라가 볼 수 있을 것이고, 가벼운 운동을 즐길 수도 있다. 이는 자신의 취미를 살릴 수 있는 여가 활동이 될 수 있을 뿐 아니라, 사람들간의 관계를 돈독히 유지해 나갈 수 있는 좋은 방법이다.

또한 이날만큼은 '전화하는 날'로 정하는 것도 좋다. 최근에 전화를 저렴한 가격에 이용할 수 있는 상품들이 속속 등장하고 있다. 휴일 할인 상품이나 월 정액제 등은 대표적인 상품으로 일정금액만 지불하면 통화량에 관계없이 통화할 수 있다. 관계가 소원해진 사람이나 서먹한 사람들의 관계가 더 멀어지기 전에 하루 또는 반나절만 투자해 보자.

계명 7 석 달에 한 번은 엔돌핀 메이커로 거듭나라

주변에서 인기 있는 사람들에게는 공통점이 있다. 바로 재미있다는 점이다. 이를 반영하듯 인기 있는 신랑감 순위에는 유머러스한 사람이 빠지지 않는다. 또한 회사에서 선호하는 인재상에도 유머와 재치를 겸비한 사람이 언급되곤 한다. 이제 주변에 사람들이 모이기를 원한다면 재미있고 유쾌한 사람이 될 필요가 있다.

필자가 알고 있는 지인 중에 '응원단장'이란 별명으로 유명한 친구가 있다. 동료나 선배들은 물론이고 다른 부서의 상사들과 심지어 부사장까지도 "아, 그 재미있는 친구!"라고 할 정도다. 그가 이렇게 유명해진 것은 일명 '기적의 응원' 덕분이다.

대기업 계열사에 근무하는 그 친구는 자사의 프로야구팀이 코리안 시리즈에 진출했을 때, 야구장을 찾았다. 상대팀에게 계속 점수를 내주는 것을 안타깝게 지켜보고 있던 중 그가 갑자기 응원단상으로 뛰어 올라갔다. 그리고 활기찬 응원으로 팀의 사기를 북돋워 결국 팀의 승리를 이끌어냈다. 평소에는 튀지 않던 그의 새로운 모습에 놀란 상사 중 한 명이 그를 눈여겨보기 시작했고 급기야 회사의 중대한 프로젝트에 뽑히는 영광을 얻었다.

혹자의 경우는 재미있는 사람이 되는 것과 인맥이 무슨 상관이 있느냐고 반문할지도 모르겠다. 그 답은 바로 인맥이 상대적인 것이라는 데 있다. 즉, 인맥을 형성해 나가는 과정에서 당신이 누구를 아느냐 하는 점도 중요하지만, 그것 못지않게 상대가 당신을 기억하고 있는지가 더 중요하다. 타인에게 긍정적이면서도 강한 인상을 남겨 상대의 뇌리에서 당신이 잊혀지지 않도록 하는 것이 인맥 확장에 결정적 요소가 될 수 있기 때문이다. 따라서 상대방에게 매력적으로 보이기 위한 방법의 하나로 '엔돌핀 메이커'의 기질을 발휘할 필요가 있다.

게다가 요즘은 '잘 노는 사람이 일도 잘한다'는 인식이 많이 퍼져 있기 때문에 개인기 한두 가지 정도는 미리 연마해 두면 사람들에게 호감과 강한 인상을 줄 것이다. 뿐만 아니라 업무에서도 긍정적인 결과를 가져올 수 있다.

그러나 만일 남들 앞에서 장기를 보여주는 것에 익숙하지 못한 사람들이라면 나서는 게 부담스러울 수도 있다. 대신 생각해 볼 수 있는 것이 자신만의 개성이 반영된 주특기 정보를 개발해 내는 것이다.

음악이나 영화, 스포츠, 자동차, 부동산, 증권 등 어떤 분야든 상관없다. 연예계 소식이 될 수도 있다. 자신의 취미와 관심 분야라면 더 쉽게 접근할 수 있다.

"야구라면 영업부 김철수 씨가 꿰고 있던데……."

"이번에 새로 개봉된 영화가 있다던데, 영화라면 경리과 홍진희 씨에게 물어봐야겠지?"

다른 사람들에게 이런 정도로 인식되기 위해서는 적어도 한 가지

분야에서는 '마니아(mania)' 소리를 들을 수 있을 만큼 전문성을 갖추는 것이 필요하다. 언제 어디서라도 당신의 주특기 분야에 대해서만큼은 두 시간 이상 이야기할 수 있을 정도로 평소 꾸준한 관심을 갖고 정보 수집을 해야 한다.

사내 이벤트나 회식 등을 통해 3개월에 한 번 정도는 자신의 끼를 발산할 수 있도록 준비해 보자. 이렇게 숨은 끼를 발휘하거나 일과 상관없는 정보를 제공한다고 해서 가벼운 사람으로 보이지 않을까 걱정할 필요는 없다. 이런 모습은 사람들과의 관계에 있어 윤활유 역할을 하며 마음의 벽을 허무는 데 결정적인 역할을 해주기 때문이다. 더욱이 다른 사람들이 당신을 즐겁고 행복한 사람으로 기억하는 것만으로도 앞으로 더 큰 인맥을 쌓아가는 데 큰 재산이 될 것이다.

계명 8   6개월에 한 번은 명함을 정리하라

하루에도 몇 장씩 받는 명함들 중에 실제로 활용되는 것은 전체의 30%나 될까? 직장인이라면 처음 만나는 사람과 명함을 교환하는 일이 많다. 하지만 실제로 명함을 주고받는 것은 형식에 머무르는 경우가 허다하다. 당신의 경우는 어떠한가? 지금 한번 명함통이나 명함첩을 꺼내어 살펴보라. 혹시 얼굴조차 가물가물한 사람들뿐 아닌가?

연차가 쌓일수록 주름과 함께 자연스레 명함통에서 늘어나는 명함들을 볼 수 있다. 하지만 그 명함들을 보면서 내 인맥이 이렇게 두터워지고 있다고 뿌듯해하는 사람은 드물 것이다. '진작 연락해 볼걸'

하는 아쉬움에 한숨을 쉬어봐도 시간을 돌이킬 수 있는 장사는 없다. 현실은 이러한데, 명함을 버리기는 매우 아깝다. 언젠가는 도움을 받을지도 모른다는 희망을 버릴 수 없기 때문이다. 그렇게 하루 하루를 보내다 보면 몇 년이 훌쩍 지나고 만다.

이러한 사례만 보더라도 인맥은 만드는 것보다 관리하고 관계를 발전시켜 나가는 것이 중요하다는 아주 당연한 사실을 깨달을 수 있을 것이다. 그렇다면 여러 경로를 통해 받은 명함들을 어떻게 처리하는 것이 좋을까?

일반적으로 업무상 받은 명함들은 명함통에 습관적으로 들어가 잊혀지기 일쑤다. 관리하는 데 조금이라도 관심 있는 사람들은 색인 구분이 잘 되어 있는 명함첩을 이용하여 차곡차곡 쌓아둔다. 그보다 좀 더 꼼꼼한 사람이라면 컴퓨터 엑셀이나 명함 관리 웹사이트를 통해 명함을 정리하기도 한다. 개인 데이터베이스 관리에 초점을 맞추고 있는 어떤 회사에서는 오프라인상의 명함을 온라인으로 손쉽게 옮길 수 있는 명함 관리 전용 스캐너를 출시하기도 했다.

하지만 만약 당신이 효과적인 인맥 관리에 조금이라도 관심이 있다면 명함을 받아들고 바로 명함첩에 꽂아 정리하는 것만으로는 성에 차지 않을 것이다. 그저 가, 나, 다 순으로 명함들을 쌓아가면 찾느라 시간만 소비할 뿐이다. 따라서 다음과 같은 방법을 권하고 싶다.

우선 당신이 갖고 있는 명함을 친밀도를 기준으로 친한 사람, 아는 사람, 먼 사람의 세 부류로 구분해 보자. 그리고 6개월에 한 번, 세 부류로 구분한 것을 총체적으로 다시 정리해 본다. 이때 '먼 사람'에 속한 사람 중에 '친한 사람'의 단계로 끌어올릴 만큼 욕심나는 사람에게는 즉시 이메일이나 핸드폰으로 연락하는 것이 좋다.

6개월에 한 번씩 이런 방법으로 명함을 정리하면서 상대로부터 피드백을 얻게 되면 상대에 대한 개인 정보를 최신의 것으로 업데이트할 수 있다. 또한 소원했던 관계를 다시 형성할 수 있는 계기를 만들 수도 있다.

마지막으로 먼 사람의 부류에 있는 사람이 1년이 넘도록 그 분류에 속해 있다면 그들은 인맥 안에 포함시키기 어렵다. 게다가 최근에는 이직이나 전직하는 경우가 많기 때문에 2, 3년이 지난 경우에는 회사와 연락처도 바뀌었을 가능성이 크다. 많은 게 좋은 것만은 아니다. 과감히 정리할 필요도 있다.

명함 관리의 4단계

1. 명함을 친한 사람, 아는 사람, 먼 사람의 세 부류로 나눈다.
2. 6개월에 한 번 총체적으로 점검하고, 이때 소홀했던 사람들에게 연락한다.
3. 이메일이나 전화를 통해 피드백을 받으면서 상대에 대한 정보를 업데이트한다.
4. 1년 이상 먼 사람의 부류에 있는 명함들은 별도로 관리한다.

명함의 총체적인 업데이트와 관리는 1년에 두 번, 정기적으로 하는 것이 가장 좋다. 이제 인맥 관리의 차원을 높여 얼마나 많은 사람들로부터 명함을 받을 것인가에 관심을 기울이기보다는, 나에게 명함을 건넨 사람들과 어떻게 튼실한 인간관계를 만들어 갈 수 있을까에 대한 고민을 해보자.

계명 9 1년에 한 번은 노는 물을 점검하라

정기적으로 물을 갈아주어야 물고기가 건강하게 자라듯, 인맥도 정기적인 점검을 통해 업그레이드할 필요가 있다. 지금 당신이 활동하고 있는 물은 어떠한가? 먼저 당신의 주변 사람들을 떠올려 보자. 당신의 전문분야, 직위, 목표에 맞는 사람들과 친밀함을 유지하고 있는가?

이를 확인하기 위해서 우선 당신의 인맥을 그룹별로 분류해 볼 필요가 있다. 일과 생활적인 측면, 크게 두 부분으로 나눈 후 주로 연락하고 만나는 사람들을 떠올려 보거나 적어보자. 이 사람들이 바로 당신의 '물'을 주도하고 있는 사람들이다. 이렇게 그룹별로 분류한 후에는 몇 가지 점검해 볼 사항이 있다.

- 최근 1년간 확장된 인맥이 있는가?
- 주로 어떤 사람들과의 관계가 확장되었는가?
- 알고 있던 사람 중 오히려 관계가 소원해진 사람이 있는가?
- 관계가 소원해진 이유는 무엇인가?
- 새롭게 확장해 나가야 할 인맥이 있는가?

이런 점들을 확인해 보면 작년과 비교해 당신의 인맥이 어느 정도 발전되었는지, 오히려 퇴보하지는 않았는지 알 수 있다. 더 나아가 당신의 전문분야에서 얼마만큼 정보망을 확대했는지를 알 수 있는 척도가 된다.

만일 관련분야에 있는 사람들과의 관계가 확대되었다면, 당신은 지난 1년간 자기분야의 전문성을 키우기 위해 집중했다고 평가할 수 있다. 반대로 작년에 비해 새로운 분야의 인맥이 늘어났다면 당신의 관심이 새로운 분야로 이동했음을 증명한다.

한편 일과 무관한 생활적인 측면에서도 어떤 사람들과 주로 커뮤니케이션 했는지, 가족이나 친척, 친구들 중에서 미처 돌보지 못해 서운함을 안겨준 관계는 없었는지, 앞으로 여가시간을 더 적극적으로 활용해 관계를 개선해야 할 사람들은 없는지 살펴볼 수 있다.

이렇게 점검해 보면 대부분의 경우에 항상 만나는 얼굴이 정해져 있고, 자기와 유사한 스타일의 사람들이 줄줄이 떠오르곤 한다. 누구나 같은 문화와 같은 사고방식을 지닌 사람들끼리 어울리면서 편안함을 느끼기 때문이다. 또한 유사한 사고방식과 삶의 스타일을 지향하는 사람들과 만날 기회가 많기 때문에 어느 순간에 주위를 둘러보면 비슷한 사람들끼리 층을 이루게 되는 것은 당연한 일이다. 그러나 항상 선후배, 동문, 동향의 끈만 찾아다니면 정보의 질과 양은 한정되고 결국 시야는 좁혀지게 된다는 사실을 깨달아야 한다.

앞으로는 의식적으로 1년에 한 번씩 자신이 주로 활동하고 있는 주변을 살펴봄으로써 다양한 가치관과 생활방식에 대해 이해할 수 있는 기회를 가졌는지 점검해 보자.

당신이 반드시 관리해야 할 핵심 인물들과의 관계는 원활하게 유지하고 있는지, 부족한 인간관계는 없는지 살펴보는 것만으로도 당신이 누리고 있는 삶의 터전에 물을 갈아주는 효과를 기대할 수 있다. 인맥은 가만히 있으면 머무르는 것이 아니라, 오히려 퇴보되고 만다.

당신이 소홀한 사이 틈새가 벌어진 관계가 있거나 아직 개척하지 못한 관계가 있다면 더 늦기 전에 관계 형성을 시도하려고 노력해 보라. 지금 이 시간부터 노는 물을 점검하자.

10계명 3년에 한 번은 자신을 표현하는 키워드를 업데이트하라

"나…… 댄서 김이에요. 파이브, 식스, 세븐, 에잇!"
요즘 가장 인기 있는 개그 프로그램에서 쉽게 들을 수 있는 말이다. 짧은 한 문장 속에서도 춤을 이용해 웃기는 사람이라는 것을 금방 알 수 있도록 결정적인 키워드를 사용하고 있다. 반복적인 각인을 통해 자신의 이미지를 만드는 데 성공한 것이다.
이러한 키워드는 매스컴에서만 활용할 수 있는 것이 아니다. 이제 직장인들에게도 자신을 명확하게 브랜드화할 수 있는 키워드를 갖는 것이 필수적이다.

"다년간 외국계 회사 인사 담당 경력이 있는 성과급제 전문가."
"국내 최고의 모바일 소프트웨어 솔루션 개발자."
"동료와의 원활한 커뮤니케이션으로 팀워크에 강한 제휴 마케팅 전문가."
이렇게 자신을 표현할 수 있는 키워드를 조합한 문장은 자기만의 이미지를 창출하여 상대에게 알리는 데 결정적인 역할을 할 수 있다.
실제로 필자의 경우에도 '취업·헤드헌팅 업계의 동향 분석을 통한 경력 관리 전문가'로 브랜드화하여 경제 주간지나 사보, 웹진 등으로부터 원고 청탁을 받은 경험이 있다.

칼럼니스트로도 많은 활동을 하고 있는 구본형 씨가 '변화 경영 전문가'로 자신을 이미지 브랜드한 사례나 국제기업전략연구소 소장인 윤은기 씨가 자신을 '창업 전문가'로 자리매김한 것도 키워드를 잘 활용한 대표적인 성공 사례에 속한다.

이와 같이 자신의 업무분야를 대표할 수 있는 키워드를 잘 만들어 놓으면 회사 내부에서는 물론, 외부에까지 훨씬 수월하게 자신의 전문성을 강조할 수 있다.

하지만 신중하게 자신의 스타일을 살려 키워드를 만들어 놓았다 하더라도 시대의 변화에 부응하지 못하면 오히려 시대 변화에 민감하지 못한 사람으로 낙인찍히거나 잘못된 이미지를 형성할 수도 있다. 영원불멸한 키워드는 없기 때문이다.

따라서 자신을 브랜드화하는 것도 중요하지만, 자신의 나이와 직위에 걸맞은 이미지로 자리매김했는지 점검하고 현재의 상황에 맞는지 검토하여 바꾸어 나갈 필요가 있다.

필자들은 그 적당한 시기를 3년에 한 번이라고 생각한다. 3년은 대체로 많은 사람들이 한 직장에서 정착하는 시기일 뿐 아니라, 자신의 인생 리듬에서도 매너리즘에 빠지기 쉬운 기간이기 때문이다. 또한 변화가 잦은 시대적 흐름에 뒤떨어지지 않기 위해서는 지난 3년과는 달리, 앞으로의 3년을 주도해 나갈 수 있게 점검해야 한다.

키워드의 변화에서 반드시 유의해야 할 것은 자신의 상황과 시대적 상황을 동시에 고려해야 한다는 것이다. 예컨대 '마케팅에 정통한 전문가'라는 이미지를 가진 부장이 임원, CEO로 성장하기 위해서는 '사회 전반에 대해 두루두루 아는 제너럴리스트'로서의 이미지로 바꿀 필요가 있다.

한편 자신이 계획했던 이미지가 시대가 바뀌면서 수정해야 할 경우도 있다. 예전에는 '성실한 사람', '묵묵한 사람'이 대우 받았지만 요즘엔 '영리한 사람', '재치 있고 끼가 넘치는 사람'이 사랑받는 것처럼 말이다. 따라서 수시로 사회와 자신에 대해 검토하고 자신의 이미지를 점진적으로 바꿔야 하는 것을 잊어서는 안 된다.

[Interview 1]

자신만의 브랜드 창조로 글로벌 네트워크를 구축하라

김성주((주)성주인터내셔널 사장)

"똑같은 실력을 갖고 있어도 그 역량을 몇 배로 발휘하는 사람이 있는가 하면, 가지고 있는 능력조차 제대로 펼치지 못하는 사람도 있습니다. 이 둘의 차이가 바로 휴먼 네트워크의 차이일 것입니다."

김성주 사장은 휴먼 네트워크의 중요성은 그것이 엄청난 시너지 효과를 불러일으킨다는 데 있다고 말한다. 아무리 똑똑한 사람일지라도 모든 것을 혼자 다 할 수는 없다. 하나보다는 둘이, 둘보다는 셋이 모이면 몇 배의 역량을 발휘할 수 있다는 것이 김성주 사장의 지론이다.

이와 더불어 휴먼 네트워크도 이제는 국내에서만 머물러서는 곤란하다고 지적한다. 21세기 무한 경쟁 시대가 지향하는 글로벌 스탠더드를 갖추기 위해서는 세계로 눈을 돌려야 한다는 것이다. 사실 김성주 사장의 휴먼 네트워크에는 국내 인사들뿐 아니라 빌 게이츠, 손정의와 같은 정보통신업계의 제왕과 포드나 소니 등 다국적 기업의 회장, 그리고 앨 고어 미국 전(前) 부통령, 리콴유 싱가포르 전(前) 총리 등 세계적인 명사들이 대거 포진해 있다.

김성주 사장은 글로벌 네트워크를 구축하는 데 있어 가장 중요한 것으로 진실성과 확실한 자기 브랜드 창조를 꼽는다. 진실은 어디에서나 통하는 법이며, 자기만의 브랜드는 누구에게나 당당하게 대할 수 있는 자신감을 가져다주기 때문이다. 물론 여기에는 '실력'이라는 기초가 뒷받침되어야 한다.

김성주 사장이 세계적 명품 브랜드인 구찌의 국내 사업권을 따내게 된 일화는 이런 그의 면모를 잘 나타낸다. 김 사장이 미국 블루밍데일 백화점에서 일하던 때였다. 이탈리아 대사관으로부터 한 통의 전화가 걸려왔다.

"김성주 씨, 구찌 회장이 당신을 만나보고 싶다는군요."

"구찌 회장이 저를 어떻게 알고 만나겠다는 거죠?"

"구찌가 한국에 자사 제품을 수출하기 위해 파트너를 물색 중입니다. 그래서 저희가 당신을 추천했습니다."

이탈리아 대사관 측과는 공식적인 자리에서 몇 차례 만남을 가진 적이 있긴 했지만, 특별히 친분이 두텁지 않았고 이처럼 큰 기회를 줄 것이란 기대도 전혀 하지 않았기에 무척이나 의외였다고 한다. 훗날 김 사장은 그 일을 계기로 가까워진 대사관 측 관계자의 설명을 듣고서야 고개를 끄덕였다. 대사관 측에서는 몇 차례의 만남을 통해 그가 보여준 진실성과 열정에 높은 점수를 주었다는 것이다. '김성주=한국 패션산업의 리더'라는 확실한 브랜드 각인이 되어 있었던 셈이다.

이처럼 인맥의 중요성을 강조하면서도 그는 '휴먼 네트워크'와 '끼리끼리 문화'는 분명히 구분되어야 한다고 강조했다. 술자리 접대나 뒷거래 등 한국 사회에 뿌리 깊이 박혀 있는 관행과 이를 거부하면 왕따시키는 끼리끼리 문화는 우리나라가 선진국으로 도약하는 데 가장 큰 걸림돌이며 하루 빨리 해결해 나가야 할 과제라고 지적했다.

마지막으로 김성주 사장은 이제 막 인맥 관리를 시작하려는 직장인들에게 '멘토(mentor)를 찾으라'고 조언했다. '멘토'는 경험이 없는 후배를 책임지고 일정한 수준까지 끌어올리는 사람을 의미하는데, 유럽 국가들에서는 직장 내에서 이 멘토링 제도가 상당히 활성화되어 있다.

이미 일정한 단계에 올라선 선배들의 지식과 경륜을 이어받고, 또 언젠가 자신이 멘토가 되어 후배들을 이끌어줄 수 있다면 자연스럽게 훌륭한 인적 네트워크가 형성될 수 있을 것이다.

김성주 사장은 패션 유통 회사 (주)성주인터내셔널의 대표이사로, 1997년 세계경제포럼의 차세대 지도자 100인, 세계여성지도자회 총회의 아시아 대표 연설자, 비즈니스 클래스의 세계 100대 여성 기업인, 2003년 CNN의 새천년리더로 선정되는 등 국내에서보다 세계에서 먼저 주목을 받았다. 저서로 『나는 한국의 아름다운 왕따이고 싶다』가 있다.

인맥의 궁합 —내게 맞는 인맥 유형은 무엇일까

인맥 지도를 그려라

인맥을 키워 나가기 위해서 가장 먼저 해야 할 일은 자신의 현재 상태를 점검하는 것이다. 가장 효과적으로 점검할 수 있는 방법이 바로 인맥 지도 그리기다.

인맥 지도를 그려보면 우선 자신의 인맥에 대해 객관적으로 바라볼 수 있다. 또한 인맥이 어느 쪽에 편중되어 있는지, 또 어느 쪽이 부족한지 파악할 수 있다. 더 나아가 목표가 있다면 그 목표를 달성하는 데 도움을 받을 수 있는 인맥으로 누가 있는지, 만약 그 인맥이 없다면 어떻게 만들어야 할지 그에 대한 전략을 세울 수 있다. 그리고 지도를 통해 자신의 인맥을 정리해 두면 갑작스러운 상황에 빠지더라도 곧바로 도움을 받을 수도 있다.

인맥 지도는 크게 '관계 지도(관계에 따른 인맥 지도)'와 '분야 지도

(분야에 따른 인맥 지도)'로 나눌 수 있다.

관계 지도는 말 그대로 관계 중심으로 인맥을 분류한 것으로, 본인을 중심으로 상대방이 어떤 관계인지에 따라 지도를 그린 것이다. 가족, 동창, 지역, 사내, 업계, 사외 인맥 등이 분류 기준이 된다. 가장 일반적인 형태이고 분류가 복잡하지 않으므로 신입 사원이나 인맥이 그리 넓지 않은 경우에 수월하게 그릴 수 있다.

분야 지도는 관계가 아닌 전문분야를 분류 기준으로 삼은 것이다. 예를 들면, 비즈니스, 문화, 국제, 금융, 부동산, 법률, 음악, 공공기관 등의 분류를 들 수 있는데, 인맥 관계가 넓고 복잡한 경우에 활용하면 좋다.

관계 지도든 분야 지도든 그리는 방식은 비슷하다.

1단계 자신을 중심으로 가지를 그린다

가지를 그리는 것은 인맥을 기준에 따라 분류하는 것이다. 분류 기준은 앞에서 말한 관계 지도나 분야 지도냐에 따라, 그리고 자신의 상황에 맞추어 정하면 된다. 가짓수가 너무 많거나 혹은 너무 적으면 자신의 인맥을 한 눈에 보기 어려우므로 5~10개 정도로 나누는 것이 좋다. 이렇게 대분류를 정했으면 각 대분류를 다시 몇 개의 소분류로 나눈다. 인맥 관계가 상당히 복잡한 경우에는 한 단계 더 나눌 수도 있다.

분류를 할 때 주의할 점은 각 분류가 서로 배타적이어서 겹치지 않게 해야 한다는 점과, 현재 자신에게 없는 분야나 관계라도 필요성이 있는 것이라면 빠뜨리지 않아야 한다는 점이다.

2단계 가지고 있는 인적 자원을 분석한다

분류를 정한 뒤에는 자신과 관계가 있는 모든 사람들을 각각 어느 분류에 넣어야 할지 살펴보아야 한다. 가지고 있는 명함과 수첩, 그리고 주소록 등을 펼쳐 놓고 한 사람 한 사람 짚어가며 검토하는 것이 좋다. 이 사람이 어떤 분류에 속하는지, 그리고 어떤 관계인지를 정리하는 것이다. 이때 각각의 사람이 어느 분류에 속하는지와 더불어 그 사람과 자신의 친밀도, 그리고 그 사람이 가지고 있는 영향력에 대해서도 점검해야 한다.

친밀도는 심리적 거리에 따라 1부터 3까지의 숫자를 부여한다. 친밀도 1은 언제든지 만나서 부담 없이 정보를 주고받을 수 있는 사이를 의미한다. 여기에는 개인적인 친분까지 포함된다.

친밀도 2는 서로 공식적인 관계를 유지하지만 업무상, 혹은 개인적 협조가 필요할 때 별 문제 없이 도움을 주고받을 수 있는 관계를 뜻한다. 친밀도 3은 인사를 나눈 적은 있지만 특별히 연락을 하거나 깊이 있는 정보를 교환하지 않는 관계를 나타낸다.

한편 영향력은 그 사람이 해당 분류 안에서 어느 정도의 영향력을 가지고 있는지 나타내는 것이다. 이것은 객관적으로 계량화하기는 어려우므로 해당 분야에서 폭넓은 지식과 경험, 그리고 인맥을 가지고 있는 사람의 경우에만 O으로 표시하라.

3단계 가지 내에 분류된 사람들의 이름을 적는다

각각의 소분류에 해당하는 사람들의 이름을 나열한다. 여기에는 2단계에서 분석했던 사람들 중 친밀도를 기준으로 1과 2에 속한 사

람만 표시한다. 그리고 이름 옆에 관계와 영향력을 써넣으면 된다. 예를 들면, '홍길동(1/0)', '김철수(2)', '정영희(2/0)' 등으로 표시할 수 있다.

다음의 인맥 지도 예시를 참고한 후 종이에 자신의 인맥 지도를 그려보자. 성공적으로 경력을 관리하고자 하는 직장인이라면 적어도 1년에 한 번씩은 인맥 지도를 그려보는 것이 좋다. 특히 새로운 목표를 세웠을 때는 반드시 자신의 인맥을 점검해 보아야 한다.

관계 지도 예시

업계 인맥
- 거래처
  - 신민호(1)
  - 정이슬(2/0)
  - 서은경(2)
- 동종업계 종사자 - 구은정(2/0)
- 동종직종 종사자 - 전호영(2)
- 전문 모임
- 기타 업계 인맥
  - 최경진(2)
  - 고영진(2)

사내 인맥
- 동료, 동기
  - 정영진(1)
  - 이정호(2)
- 상사, 선배 - 지효정(2)
- 부하 직원, 후배
- 기타 사내 인맥
  - 김민석(1)
  - 배지현(2)
  - 이호성(2)

사외 인맥
- 학계
- 언론 - 민규은(2)
- 취미 관련 커뮤니티
  - 이현우(1)
  - 강미정(1)
  - 공영선(2)
- 각종 동호회
- 기타 사외 인맥 - 김연수(2)

동창 인맥
- 초등학교
  - 박진후(1/0)
  - 이미현(1)
  - 이연실(1)
- 중학교
  - 김준태(1)
  - 박정현(1)
  - 배수현(2)
- 고등학교
  - 김미현(1)
  - 이정민(2)
- 대학교
  - 노성미(1)
  - 김형석(2/0)
  - 윤미희(2/0)
- 대학원
  - 김성호(1/0)
  - 지상철(2)
  - 심현태(2)

가족 인맥
- 직계 가족
  - 부모
  - 형제
- 배우자 가족
  - 배우자
  - 처가
  - 동서
- 친인척
  - 삼촌
  - 사촌
- 기타 혈연

지역 인맥
- 이웃
  - 이경수(2/0)
  - 노진아(2)
  - 오재원(2)
- 동향
  - 조경훈(1)
  - 김재원(2)
  - 최은선(2)
- 기타 지역 인맥
  - 이우영(2/0)
  - 박원준(2)

기타 인맥
- 구분 1
  - 신영숙(2/0)
  - 김지선(2)
  - 고은정(2)
- 구분 2
  - 임현수(2)
  - 손종일(2)
  - 이영재(2)
- 구분 3
  - 이정선(2)
  - 윤상범(2)

중심: 나

● 평가
* 장점 : 동창 및 혈연, 지연과의 관계가 돈독함
* 단점 : 업계 전문모임 및 사외 인맥이 상당히 부족함
  사내에서도 영향력 있는 사람과의 관계가 부족함
➡ 신입 사원의 경우, 이와 같은 형태가 많음

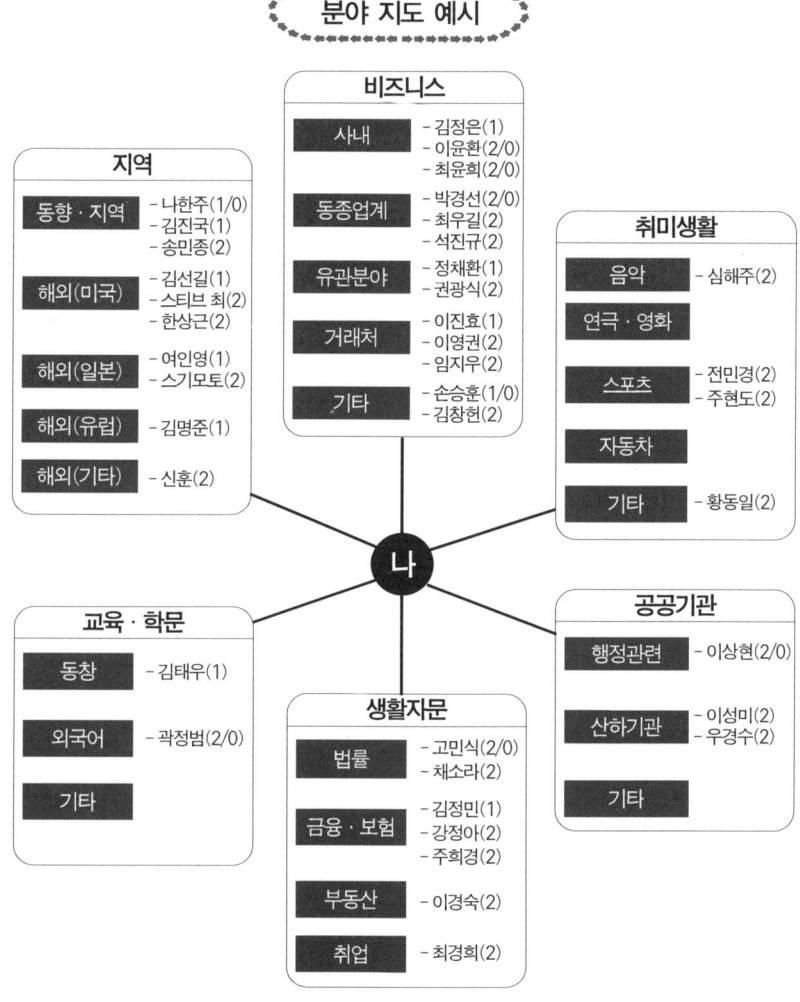

● 평가

* 장점 : 비즈니스와 관련된 분야에서 질적·양적으로 풍부한 인맥을 형성하고 있음
* 단점 : 취미생활 및 업무 이외의 영역 인맥이 부실함
➡ 일 중심적인 생활에 치우쳐 있는 사람의 경우, 이와 같은 형태가 많음

유형을 알면 인맥이 보인다

인맥에도 유형이 있다. 사교적인 사람과 내성적인 사람이 만들어 내는 인맥의 범위와 관리 방법은 다르다. 하루에도 수많은 사람을 만나며 인간관계를 맺는 사람과 오랜 시간에 걸쳐 깊이 있는 관계를 추구하는 사람의 자세가 같을 수 없다. 이러한 인맥의 유형은 성격과 취향에 따라 다르기 때문에 어떤 것이 더 좋고 나쁘다고 단정지을 수는 없다.

하지만 문제는 대부분의 사람들이 여전히 인맥 관리는 특별한 사람들만이 하는 일로 착각하고 있기 때문에 자신이 어떤 유형에 속하는지조차 알지 못하는 경우가 많다는 점이다. 직업을 선택할 때 적성검사가 도움이 되는 것처럼 본격적인 인맥 관리에 들어가기 전에 자신의 유형을 파악해 보면 머릿속에 대강의 그림을 그릴 수 있다.

인맥 유형은 인간관계의 범위와 관계의 깊이에 따라 크게 5가지로 나누어 볼 수 있다.

첫 번째 발이 넓은 사람이라고 불리는 마당발형은 인간관계에서 비교적 적극적으로 활동하는 유형이다. 마당발형 사람들은 관계의 범위가 넓으며 깊이도 어느 정도 갖추고 있다. 두 번째 그물형은 마당발형과 마찬가지로 범위는 넓지만 깊이가 없어 그물망 사이로 인맥이 새어나갈 것 같은 허술한 유형이다. 세 번째 말뚝형은 범위는 좁지만 깊이가 있는 의리파 인맥 유형이다. 한편 범위가 좁고 깊이도 없어 인맥에 무지한 유형은 점형으로 구분될 수 있다. 대부분의 사람들이 이 4가지 인맥 유형 중 하나에 속할 것이다.

이런 일반적인 유형들의 성격을 보완한 가장 이상적인 유형은 안테나형이다. 안테나형인 사람들은 자신의 분야에 있어서는 깊이 있는 인간관계를 갖고 있으며, 그 외의 분야에 있어서도 핵심 인물들을 한두 명씩 알고 지내면서 안테나처럼 수시로 연결할 수 있는 융통성을 가지고 있다. 특히 안테나형은 인맥의 달인들에게서 공통적으로 볼 수 있는 인맥 유형이다.

그렇다면 당신의 인맥 유형은 어떠한가? 앞에서 인맥 지도를 충실히 그려보았다면 자신의 인맥 유형을 파악할 수 있을 것이다. 지도에서 가지가 많은 사람은 우선 마당발형이나 그물형일 가능성이 높다. 하나의 가지마다 친밀도 1에 해당되는 사람이 많은 경우는 그만큼 깊이 있는 관계를 유지한다는 것으로 볼 수 있으며, 따라서 마당발형이라 할 수 있다. 여기에 해당 분야에서 폭넓은 지식과 경험을 가지고 있어 영향력 있는 사람으로 표시된 이가 많다면 당신은 안테나형에 가깝다고 할 수 있다.

이러한 유형은 아래의 그림으로 나타낼 수 있다.

어떤 유형이든 장단점을 갖고 있고, 환경이나 성격의 변화에 따라 개인의 유형은 변화할 수 있다. 그리고 본인이 추구하는 유형과 행동으로 나타나는 유형이 다르게 나타날 수도 있다. 또한 성격이 내성적인 사람은 깊이가 있고 범위가 넓은 인간관계를 추구한다고 해도 자신의 한계에 부딪힐 수 있다. 다양한 분야의 인맥을 갖고 있는 사람이라 할지라도 깊이가 없으면 문제점을 느낄 수 있다.

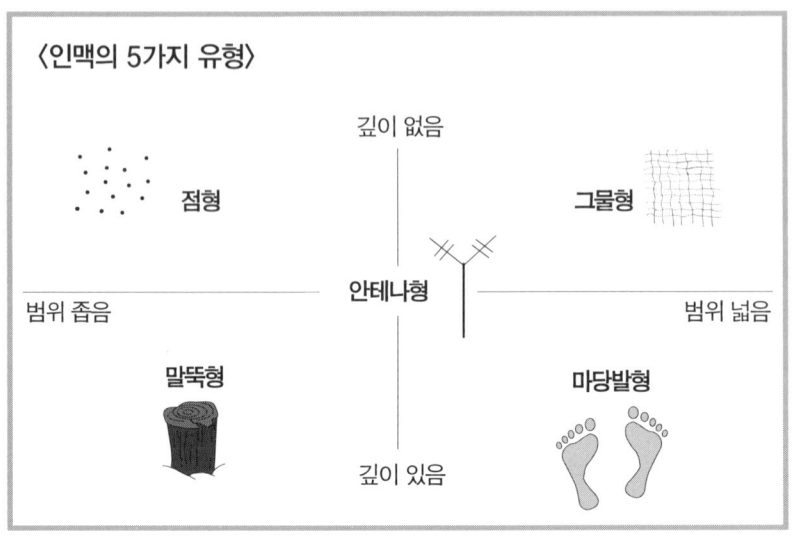

이 장에서는 각 유형들의 특성을 알아보고 어떤 문제점이 있으며, 문제점을 어떻게 보완할 수 있을 것인지를 설명할 것이다. 자신의 인맥 유형을 파악하고 문제점을 발견해 가는 사이에 당신은 인맥 관리의 달인이 될 것이다.

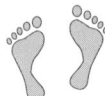 마당발형 | 연예계에서 박경림을 모르면 간첩

'네모공주'라 불리는 박경림은 연예계에 데뷔한 지 7년째 된 방송인이다. '성공한 여자 연예인은 모두 예쁘다'는 공식을 철저히 무너뜨리면서 개그맨, MC, 탤런트, 가수 등 다양한 분야에서 능력을 과시하는 그의 별명은 '마당발'이다. 지금의 성공 이면에는 박경림 자신의 노력과 실력이 뒷받침되기도 했지만, 그를 지지해 주는 마당발형 인맥이 결정적인 역할을 했다고 해도 지나친 말이 아니다.

그렇다면 이런 마당발형 인맥은 어떻게 만드는 것일까? 네모공주 박경림 같은 경우에는 친숙한 외모와 재치 있는 입담 덕분에 부담 없이 다가갈 수 있다는 점이 많은 친구들을 가질 수 있는 요인이 되었다고 한다. 그러나 못생기거나 말 잘하는 사람들 모두 친구가 많은 것이 아니라는 것을 고려해 볼 때 마당발형 인맥의 비법은 분명 따로 있는 것 같다.

첫째, '너를 위한 일이라면 기꺼이 하겠다'는 신념을 표현한다. 친구라는 인식을 강하게 심어주고 도움을 청하면 손을 내밀어 준다. 실제로 박경림은 인터뷰를 할 때에 "○○을 위해서라면 기꺼이 하겠다"라는 말을 아끼지 않는다. 영화에 출연하게 된 계기도 "좋아하는 사람의 일이기 때문에", "○○을 위해서"라는 게 이유가 될 정도다. "너를 위해서라면"이라는 간단한 말 한마디에 상대는 고마움과 애정을 느낀다.

둘째, 뜻이 맞는 사람들과 모임을 만든다. 아무리 사교성이 뛰어나고 친구 만드는 기술이 탁월한 사람이라도 특별한 일 없이 정기적으로 전화하고 만나는 것은 쉽지 않다. 게다가 마당발형같이 많은 사람들과 관계를 맺고 있는 사람일 경우에는 시간이 턱없이 부족하게 마련이다. 그래서 많이 이용하는 방법이 모임을 만드는 것이다. 마당발형 사람들은 모임에 참여하는 것도 좋아하지만 몇몇 이들과 의견이 맞으면 주저 없이 모임을 만드는 데 선수다.

업계 마당발로 정평이 나 있는 외국계 화학회사의 마케팅 총책임자 이인기 이사는 "모임을 통한 정기적인 일정이 있으면 시간 약속을 해야 하는 번거로움을 줄일 수 있어 일석이조"라고 말한다. 그가 참여하고 있는 모임은 모두 8개로, 그 중에는 현재 정기적인 만남을 갖는 모임도 있지만 과거에 활동했던 모임의 명맥을 유지하고 있는 것들도 있다. 마케팅 전략 연구회, 외국계 기업 협회 등 규모 있는 모임에 참여한 후 모임 안에서 소모임을 결성한 것이 명맥을 유지할 수 있는 최대 비결이기도 하다. 입사 동기모임, 전 직장 동료모임, 계모임과 같은 친목모임 활동이 유난히 많은 것도 마당발형의 특징이다.

셋째, 꾸밈없고 솔직하면서도 상대에게 들은 비밀은 반드시 지킨다. 근본적으로 사람을 좋아하는 마당발형은 솔직한 것이 큰 매력이다. 소탈하면서도 인간적인 모습이 사람들을 끌어들인다는 원칙을 그대로 반영하는 것이기도 하다. 더불어 상대방으로부터 들은 말을 타인에게 옮기지 않는 신의를 가지고 있다.

마당발형 사람들은 어떤 계획이나 의도로 접근하기보다는 자연스럽게 관계를 맺는 경우가 많다. 상대가 필요로 하는 일이라면 본인이 희생을 해서라도 도와주기 때문에 이들 주위에는 항상 사람들이 많지만 문제점 또한 있다.

시간 관리를 제대로 못하면 자칫 시간을 낭비할 수 있다. 사람들을 만나겠다는 욕심에 약속을 해놓고 휩쓸려 다니며 자신의 일을 제때 처리하지 못하는 경우가 있다. 또한 시간 부족으로 타인과의 약속을 지키지 못해 비난을 받는 일도 있다.

마당발형인 사람이 인맥을 슬기롭게 유지하기 위해서는 효율적인 자기 관리가 필수적이다. 한 가지 일에 쫓겨 다른 일을 못하는 일이 없도록 집중력을 높이고, 때때로 재충전을 위한 시간을 확보하도록 노력해야 한다. 무엇보다 무조건 여러 사람을 만나는 것에 초점을 맞추기보다는 관계의 깊이를 조절하는 데 주의를 기울일 필요가 있다.

또한 다른 일로 인해 스트레스를 받았거나 매우 지쳐 있을 경우에는 다른 사람들과의 관계 때문에 더 지치게 될 우려가 있다. 이럴 때는 사람들에게 짜증을 내거나 화를 내서 그간 공들여 쌓아온 관계를 뒤흔드는 것보다 조용히 혼자 주변을 정리해 볼 시간을 갖는 것이 좋다.

그물형 | 내 인맥에 성역은 없다

부동산 컨설턴트인 이수길 씨는 직업적 특성 때문에 다양한 사람들과 만날 기회가 많다. 평소 사교적인 성격임을 자부하는 그는 잠깐 만나는 사람들과 쉽게 사귀는 데에도 능숙하다. 처음 만난 사람에게 '형님'이라는 호칭을 술술 내뱉을 정도다. 저녁 약속이라도 잡으려면 연예인처럼 항상 바쁘다. 하지만 그런 수길 씨에게도 고민이 하나 있다. 주변에 사람이 많은데도 정작 개인적인 문제로 고민할 때 그 고민을 털어놓을 만한 사람이 없다는 것이다.

이수길 씨의 인맥 유형은 전형적인 그물형이라고 할 수 있다. 촘촘히 박혀 있는 듯하지만 새어나가는 틈이 있는 그물처럼 항상 많은 사람들을 만나고 있지만, 그들과의 관계가 표피적인 상태에서 발전하지 못하는 유형이다.

그물형은 인맥 지도에서 가지는 많지만, 친밀도가 낮은 사람들이 대거 몰려있는 경우가 많다. 이러한 문제점 때문에 현실적인 인맥 지도를 그리기 어려울 수도 있다.

지도를 그리기 위해서는 원근의 개념이 있어야 하고 유사한 부류를 가려낼 수 있어야 한다. 현재 자신의 인간관계를 파악하고 앞으로의 방향을 찾을 수 있는 인맥 지도를 그리는 것이 필요하다. 사람들의 성격적 특성이나 혹은 전문성에 따라 유사한 부류를 그룹별로 분류하고 친밀도를 파악할 수 있어야 한다. 하지만 그물형은 대부분의 사람과 맺은 관계 깊이가 얕기 때문에 그들의 특성을 제대로 파악하지 못한다. 그래서 현실성 있는 인맥 지도를 그리기 어려워 한다. 의외로 많은 사람들이 속해 있는 그물형의 특징은 다음과 같다.

첫째, 다이어리 주소록은 가득 차 있고 명함집에는 명함이 넘쳐난다. 퇴근 후에도 모임이나 약속으로 바쁘게 시간을 보내는 경우가 많다. 그러나 막상 혼자 있을 때 전화를 걸거나 만날 사람을 찾지 못한다. 그만큼 서로에 대해 격의 없이 잘 알고 지내는 사람이 부족하다는 뜻이다.

둘째, 사교적인 성격으로 처음 만난 사람과도 곧 친숙해진다. 이 점은 마당발형과도 매우 흡사하다. 항상 사람들을 대하는 데 익숙하기 때문에 처음 만난 사람에게도 오래 전부터 알고 있었던 사람과 같은 인상을 준다. 몇 번 만나지도 않은 사람에게 '형님', '선배님'이라는 호칭을 붙이는 사람들은 대체로 마당발형이거나 그물형이다.

셋째, '안 보면 멀어진다'는 말을 가장 잘 따른다. "빨리 끓으면 빨리 식는다"는 속담처럼 쉽게 친해진 만큼 쉽게 헤어지는 유형이다. 마당발형이 꾸준히 인간관계를 지켜가는 반면, 그물형은 단기간의 만남에 치중해 있는 경우가 많다. 따라서 현재 같은 프로젝트를 진행하고 있거나 같은 모임에서 활동하고 있는 사람들과는 자주 만나고 친밀하게 지내지만 그 시기가 지나고 나면 연결 고리가 끊기는 경우가 많다.

술과 사람은 오래될수록 좋다는 말도 있지 않은가! 서로에 대해 잘 알고 있는 오래 사귄 사람은 귀중한 재산이 될 수 있다는 사실을 생각해 보자. 서로에 대해 알아가기 위해서는 시간이 필요하다는 것을 염두에 두어야 한다.

우리가 인간관계에 심혈을 기울이는 이유는 그들이 중요한 정보 네트워크가 되거나 성공의 발판이 되기 때문만은 아니다. 사람을 통해 인간 본연의 외로움을 치유하고 서로 고민과 관심사를 나누면서 삶을 풍요롭고 즐겁게 만들어 갈 수 있기 때문이다.

따라서 상대의 내면세계에 대해 얼마나 깊이 이해하고 있는지가 중요하다. 이름, 고향, 출신 학교, 직업, 나이 등 표면적으로 쉽게 알 수 있는 것만으로는 상대를 안다고 할 수 없다. 그물형은 바로 이러한 점을 심각하게 여겨야 할 것이다.

그렇다면 그물형이 현재의 문제를 해결하고 가장 이상적인 안테나형으로 발전하기 위해 실천해야 할 방안은 무엇인가?

우선 사람에게 지속적인 관심을 갖도록 노력해야 한다. 첫 만남이 중요한 만큼 이를 발전시켜 나가는 것도 중요하다. 그러기 위해서는 상대방에게 꾸준히 관심을 갖고 특별한 일이 없을 때에도 정기적으로 연락하는 습관을 갖는 것이 필요하다.

상대방이 연락하지 않는다고 해서 서운해하지 말고 먼저 베풀어

라. 하루 5분 정도의 투자가 앞으로 큰 힘이 될 수 있다는 점을 상기하면서 지속적인 만남으로 발전할 수 있도록 노력하는 것이 좋다.

그리고 무엇보다 상대와 진지한 대화를 나누어야 한다. 대체로 그물형은 유흥을 좋아하기 때문에 먹고 노는 것에 치중하는 경우가 많다. 그러나 유흥만으로 관계를 지속하는 데에는 분명 한계가 있다. 상대와 관심사를 나누고 서로 고민을 나눌 수 있도록 진지하게 대화해 보자. 상대와의 첫 만남에서 자기를 PR하기에 앞서 상대의 관심사를 파악하고 상대의 말에 귀 기울이는 데 좀더 신경을 써야 할 필요가 있는 유형이기도 하다.

 말뚝형 | 내 인맥은 말뚝이야. 왜? 한 번 박으면 안 뽑히거든

몇 해 전 필자는 한 포럼에 참가한 적이 있었다. 아쉽게도 이 포럼은 얼마 지나지 않아 해산되었다. 그런데 재미있게도 당시 사교적인 성격으로 분위기를 리드했던 회원들과는 대부분 연락이 끊어졌다. 반면에 오히려 사교적인 성격도 아니고 포럼 활동에도 소극적인 편이었던 몇몇 회원들과는 지금도 끈끈한 관계를 유지하고 있다.

이승리 씨가 그런 경우에 속한다. 대학원에서 인사 관리를 전공하던 승리 씨와 필자는 HR(Human Resource)라는 공통의 관심분야를 가지고 있었다. 그래서 포럼 활동 외에도 가끔 정보를 주고받곤 했다. 승리 씨는 여러 사람들과의 관계에는 조금 서툰 편이었다. 하지만 본인과 관심분야가 비슷한 사람을 찾아내어 관계를 연결시키는

묘한 기술을 가지고 있었다.

　이와 같은 유형이 바로 말뚝형이다. 인맥 지도에서 가지는 적지만 한두 가지에서 친밀도가 높은 사람들을 많이 보유하고 있는 유형이기도 하다.

　말뚝형인 사람들의 특성은 다음과 같다.

　첫째, 한 번에 여러 사람을 공략하지 않는다.

　말뚝형에 속하는 사람들은 대체로 양보다는 질로 승부하는 타입이다. 처음 만난 사람들에게 화려하게 자기 자신을 알리기보다는 대화나 성격 등을 통해 마음에 맞는 사람을 조준하는 경우가 많다.

　둘째, 뜻이 통하는 사람과의 관계는 깊이 파고든다.

　상대방과 통하는 점을 발견하여 서로 의기투합을 하고 나면 관계를 깊이 있게 발전시켜 나간다. 이때 공동의 관심사를 찾아내어 깊이 있는 대화를 나누며 공감대를 형성하고, 때때로 진지한 고민을 상담하기도 한다.

　셋째, 인연을 맺은 사람과는 어떤 방법으로든 끈을 놓지 않는다.

　누구나 한번쯤은 한때 친했다고 생각했는데 갑자기 연락이 끊겨 잊혀지는 경우를 경험해 본 적이 있을 것이다. 함께 활동하던 모임에 소홀해진다거나 이직이나 새로운 분야에 대한 관심으로 활동영역이 바뀌게 되면 이전에 알던 사람들과는 자연스럽게 멀어지게 된다.

　말뚝형은 이런 때에도 공동의 관심사를 나눌 수 있는 창구를 만들거나 가끔 상대가 생각하지 못한 일을 예리하게 파악하여 감동을 줌으로써 관계를 지속해 나가는데 특별한 노하우를 갖고 있다.

　이와 같이 말뚝형은 방대한 사람들에게 관심을 갖기보다는 진정으로 통할 수 있는 몇몇과의 관계에 더욱 관심이 많다. 마당발형 인맥이 다양한 분야의 사람들과의 관계 속에서 삶을 풍요롭게 할 수 있는 반면, 말뚝형 인맥은 깊이가 있기 때문에 확실한 자기 사람을 가질 수 있는 실속형이라 할 수 있다. 단, 이들에게 결정적인 문제점은 본인과 성격이나 관심사가 비슷한 사람들에게 관심이 집중되어 다양한 인맥을 만들지 못한다는 것이다.

　삶을 살아가다 보면 스타일과 사고방식이 달라 때때로 신선함을 불어넣어줄 친구가 필요하다. 그리고 사회생활에서는 자신과 다른 분야에서 일하고 다른 관심사를 가진 사람으로부터 정보를 얻게 되는 경우가 많다. 선입견을 갖고 본인의 인맥을 제한시켜 버리지 않도록 시야를 넓힐 필요가 있다는 점을 기억하자.

　말뚝형이 이상적인 인맥 유형으로 발전하기 위해서는 우선 자신의 관심분야가 아닌 것에 관심을 갖는 것이 중요하다. 신문, 잡지 등을 통해 최신의 이슈에 관심을 갖게 되면 그 관심은 인간관계를 넓히는 데 원동력이 될 수 있다. 또한 다양한 대화 주제들을 갖고 있으면 공통분모가 없는 사람들과도 쉽게 대화할 수 있다는 장점이 있다.

　이제 '하나만 충실히'를 강조하던 시대는 지났다. 직장에서 성공하기 위해서도 자신의 전문분야 외에 다른 것들을 잡을 수 있는 다각화가 필요한 시기다. 이처럼 다양한 인맥을 만들기 위해서 '멀티 플레이어'가 되어야 한다. 그러기 위해서는 본인의 노력이 필요하다. 하나에 정통한 사람은 기본을 갖추고 있기 때문에 충분히 응용하여 든든한 인맥을 만들 가능성이 있다. 자신감을 갖고 다양한 사람에게 관심을 쏟자.

점형 | 인맥이 뭐야? 오리무중 심리상태

종합상사에서 근무하는 박소외 씨는 훤칠한 외모에 매너 좋고 예의바르기로 소문나 있다. 또한 업무를 처리하는 데 있어서 큰 마찰을 일으키지 않고 성실히 일하기로 정평이 나 있는 사람이다. 그런데 회사 동료들은 박소외 씨를 좋아하지 않는다. 그와 함께 팀 플레이를 하고 나면 결국 문제가 생겨 안 좋은 사이가 되어 버리는 일이 허다했기 때문이다.

동료들은 박소외 씨를 자신의 성과와 이익을 챙기는 데 급급한 사람이라고 평했다. 또한 자신에 대한 이야기는 꺼리고 상대방의 업무 진행에만 관심을 쏟는다고 했다. 실제로 소외 씨에게는 눈에 띄는 친구관계도 없었다. 그는 인맥과는 무관하게 자신의 일에만 매달리고 있다.

인간관계는 기본적으로 사람에 대한 신뢰와 애정이 기초가 되어야 한다. 박소외 씨의 경우에는 그 기본 자세를 갖추지 못했다고 할 수 있다. 많은 사람들이 그가 이기적인 사람이라는 데 동의할 정도로 신뢰를 잃은 것이 결정적인 문제다. 게다가 자신에 대한 이야기는 좀처럼 하지 않으면서 상대방의 비밀을 캐내려는 듯한 인상을 주는 것은 더욱 인간관계를 소원하게 만들고 있다.

이와 같이 인맥에 무관심한 것 같은 사람이 바로 점형이다. 점형의 특징은 다음과 같이 몇 가지로 정리될 수 있다.

첫째, 일이 모든 것을 해결해 줄 것이라는 생각이 지배적이다.

점형과 같이 인맥에 무관심한 사람들은 자신의 성과나 성공은 일에서 보상받을 수 있는 것이라고 생각하는 경우가 많다. 다른 사람들은 대체로 나의 경쟁자이고 그렇기 때문에 그들과의 경쟁에서 이기기 위해 애쓴다. 그러나 앞으로 더 많은 정보들이 속출하고 업무 유형이 복잡해짐에 따라 훌륭한 성과를 내기 위해서는 본인 자신만의 노력으로는 부족하다는 점을 깨달아야 한다.

둘째, 성격이 비사교적이다.

천성적으로 비사교적이어서 사람을 사귀는 데 능숙하지 않다. 적극적인 만남의 기회를 갖고 싶어도 남들과의 관계가 어색하다는 생각 때문에 회피하는 경우가 있다. 다른 사람들과 만날 기회가 없기 때문에 어색한 대인관계가 악순환된다.

셋째, '나'를 중심으로 한 사고구조를 갖고 있다.

점형은 다른 사람에 비해 '나'의 비중이 높다. 누군가와 함께 일을 진행할 때도 공동의 성과보다는 본인의 이익에 더 관심이 많다. 점형에 속한 사람들은 사회적인 비난을 두려워하기 때문에 본인에 대한 관리는 철저한 경우가 많다. 그래서 사회적 질서에 어긋나는 일을 꺼리고, 규칙적인 생활을 한다. 하지만 타인에 대한 배려가 부족하여 차츰 사람들이 멀리하게 된다.

이런 특징을 지진 점형은 5가지 인맥 유형 중 가장 허술한 인맥 구조를 가지고 있다. 특히 점형 인맥을 가진 사람들의 결정적인 문제는 사람을 존중하는 마음이 부족하다는 것이다. 사람은 서로 존중하고 신뢰할 때 올바른 인간관계를 맺을 수 있다. 그런데 점형 같은 경우에는 기본적으로 경계심이 많아 사람들을 별로 좋아하지 않으며 사람을 존중하는 마음자세가 부족하기 때문에 인맥 활용도가 상당히 낮을 뿐 아니라, 활동 범위에도 한계가 있다.

또 하나의 문제는 겉으로 보면 아무 문제가 없는 것 같지만, 소외감을 느끼고 있다는 것이다. 왕따를 당하거나 구석에서 혼자 지내는 사람만이 점형은 아니다. 앞의 박소외 씨처럼 사회생활에 큰 문제가 없어 보이는 사람도 실제로는 인간관계가 부실한 점형인 경우가 종종 있다. 점형인 사람은 주변에서 직접적인 문제점을 느끼지 못하지만, 본인은 소외감과 외로움에 시달리고 있는 경우가 많다.

그렇다면 점형 인맥을 가진 사람들이 좀더 깊고 체계화된 인맥을 만들기 위해서는 어떻게 해야 할까?

우선 상대를 존중하고 있는 그대로 받아들여야 한다. 대부분의 점형 사람들은 타인의 작은 행동도 자연스럽게 받아들이지 못하고 의심이 많다. '저 사람이 나에게 왜 미소를 지었을까?', '왜 나와 함께 저녁을 먹으려는 것일까?' 등 그 의미를 알아내려고 머리를 굴린다. 이런 때는 인간관계는 어떤 기준이나 체계 없이 이루어지는 경우가 많다는 점을 고려할 필요가 있다.

더불어 자신의 원칙을 유연화해야 한다. 자신에게 많은 원칙과 기준을 부여하고 있는 사람은 스스로 깔끔함을 유지할 수 있을지는 몰라도 자기 원칙에 얽매이는 경우가 많다. 원칙은 동기부여의 원동력이 되고 삶을 체계화할 수 있도록 도와주지만, 자기 자신을 너무 엄격하게 대한다면 타인에게도 엄격할 가능성이 높고 결국 타인을 자신에게서 밀어내는 요인이 될 수 있다.

마지막으로 무엇보다 인간관계에 자신감을 가질 필요가 있다. 점형인 사람들은 내부에 잠재된 콤플렉스 때문에 자부심을 갖지 못하거나 사람들 속에서 자신이 상처받을 것을 두려워하는 경우가 많다. 용기와 자신감을 통해 자신에 대한 신뢰감을 회복하고, 인간관계를 좀더 적극적으로 만들어 나가도록 노력하는 것이 중요하다.

안테나형 | 안에서는 카리스마, 밖에서는 팔방미인

반도체 회사를 운영하는 이영철 사장은 빠듯한 스케줄 속에서도 사람들과의 관계를 소홀히 하지 않는다. 꾸준히 좋은 성과를 내면서도 투명한 기업이라는 이미지를 갖고 있는 것도 사람을 중요하게 여기고 인맥 관리에 심혈을 기울이는 그의 태도에 기초하고 있다.

우선 그는 사내에서 누구에게나 공평한 커뮤니케이션의 기회를 주고 있다. 때때로 생산라인에 근무하는 직원들과도 격의 없는 대화의 장을 마련하여 인간적으로 가까워질 수 있는 기회를 만들곤 한다. 이 때문인지 이 회사에는 유달리 그를 존경하고 따르는 직원들이 많다. 외환위기 당시 회사가 어려움에 처했을 때 직원들 스스로 급여를 반납한 일도 있었다.

한편 비슷한 업체를 운영하는 경영자들 사이에서 이영철 사장은 국내뿐 아니라 해외 시장 동향에 누구보다 밝은 사람으로 통한다. 처음 사업을 시작했을 때 거래처 개척을 위해 미국, 유럽, 일본, 대만 등 세계 각국을 누비며 쌓아온 든든한 해외 인맥이 있기 때문이다.

"최근에는 너무 바빠서 일일이 사람들을 챙기지 못하고 있습니다. 하지만 나름대로 인맥을 몇 개의 그룹으로 나누어서 각 그룹의 핵심이 되는 사람들과는 최대한 충실한 관계를 유지하려고 노력하는 편입니다. 그러다 보니 양적으로 많은 인맥은 아니지만 정보가 필요할 때 '어디의 누구'에게 연락을 취해야 할지는 곧 파악할 수 있죠." 이영철 사장이 말하는 인맥 관리의 특징이다.

더욱이 이영철 사장은 업무상의 관련 인맥 외에도 관심을 갖고 있는 클래식 음악 분야에서도 상당한 인맥을 가지고 있다. 대학 때 취미로 활동했던 클래식 동아리부터 시작해 지금은 여러 연주가들과도 막역한 관계를 유지하고 있다.

그는 밤마다 약속으로 가득한 마당발 유형은 아니지만 다양한 분야에서 영향력 있는 인맥을 확보하고 있는 것으로 정평이 나 있다.

이와 같이 여러 분야에서 영향력 있는 사람들과 친밀도를 유지하고 있는 안테나형은 인맥의 유형 중에 가장 이상적인 유형이다. 안테나형의 인맥 지도를 보면, 각 가지마다 친밀한 사람을 확보하고 있고, 친밀한 사람들이 중요도가 높은 인물인 경우가 많다.

안테나형의 특징은 다음과 같다.

첫째, 많은 것을 알고 경험하려 한다.

호기심이 많은 사람이 인맥 만들기에도 유리하다. 다른 사람과 원활한 관계를 형성하기 위해서는 상대방에 대한 관심이 우선되어야 한다. 그리고 그러한 관심은 다양한 분야에 대한 호기심에서 출발한다. 그래서인지 안테나형은 경제, 정치, 사회, 문화, 학문, 철학, 스포츠 등 다양한 분야에 관심이 많고 새로운 경험을 했을 때 무한한 기쁨을 느낀다.

반드시 모든 분야에 정통할 필요는 없지만, 어떠한 분야든지 거부하지 않고 받아들이기 때문에 사람들과의 관계도 풍부해질 수 있다. 더불어 주위 환경이나 문화가 새롭게 바뀌었다고 해서 주눅들거나 경계심을 갖기보다는 자신의 경험과 판단에 의존하여 적응해 나가는 지혜를 갖추고 있다.

둘째, 깊은 인간관계를 추구한다.

무조건 확장하려는 인간관계는 철저히 거부한다. 진정한 인맥이란 수많은 사람들을 만나고 모임에 참여하는 것만이 아니라는 것을 알고 있으며, 사리사욕을 채우기 위해 만나는 표피적인 인간관계는 한계가 있다고 생각한다. 소수의 사람일지라도 깊은 관계를 유지하려고 노력한다는 점에서 말뚝형과 유사한 면이 있다.

'인간 욕망의 5단계 이론'을 발표한 매슬로(Maslow, Abraham H.)는 5단계 중 최고의 단계인 '자기 실현에 대한 욕구'에 만족한 사람들은 타인과 깊은 관계를 맺고 있다는 것을 밝혀낸 바 있다. 깊은 관계를 맺는 사람들은 그저 만나서 놀기 위한 단계에 머무르는 것이 아니라, 상대방에 대한 진정한 애정과 신뢰를 바탕으로 하여 상대방의 일과 관심분야에 대해 함께 의견을 나눈다. 바로 안테나형이나 말뚝형은 이러한 마인드를 바탕으로 하고 있다는 것이 특징이라고 할 수 있다.

셋째, 자신감과 긍정적인 마인드로 다른 사람들을 먼저 배려한다.

함께 있으면 즐겁고 편안한 사람이 바로 안테나형이다. 아무리 뛰어난 능력을 가졌거나 사람을 좋아한다고 해도 자기 스스로 열등감을 갖고 있거나 머릿속이 부정적인 생각들로 가득하다면 상대방은 부담감을 느낄 것이다.

안테나형은 자신에 대한 자부심과 긍지를 갖고 있으며, 유머 감각이 매우 뛰어나다. 타인을 조롱하거나 모욕하는 공격적인 것이 아니라, 모두를 즐겁게 할 수 있는 재치 있는 유머를 자연스럽게 구사한다. 또한 다른 사람이 보는 시선이나 태도에 연연해하지 않고, 타인이 가진 특징들을 그대로 받아들일 줄 안다.

바로 이러한 장점을 지닌 안테나형은 우리가 추구해 나가야 할 가장 이상적인 유형이다. 자기 자신에 대해 긍정적인 생각을 갖고, 다른 사람과 깊이 있는 인간관계를 맺으며, 다양한 관심과 경험을 게을리 하지 않는다면, 넓고 든든한 인맥을 가진 사람들의 대열에 들어설 수 있는 길은 아주 가까워질 것이다.

2부

실전! 인맥 쌓기

Network Quotient 첫 만남에서 상대에게 호감을 줄 수 있는 효과적인 법칙들을 알고 있으면 사람들과의 관계를 부드럽게 만들 뿐 아니라, 적절한 시기에 도움을 주고받고 정보를 교환할 수 있다. 이 장에서는 그러한 인맥을 어떻게 만들 수 있는지, 더 나아가 영원한 내 사람을 만드는 전략에 대해 살펴본다.

4장 인맥 쌓기 I. 사람을 모이게 하는 방법

사람이 모이는 사람, 사람이 떠나는 사람

어떤 장소에 자신이 등장하면 사람들이 몰려든다는 인소미 씨는 회사에서도 늘 주변에 사람들을 몰고 다닌다. 반면 잘 정돈되고 깔끔한 스타일인 김영호 씨에게는 접근하기가 어렵다고들 한다. 사람을 모으는 사람과 사람이 모이지 않는 사람이 과연 있는 것일까? 그리고 어떠한 특징들이 사람을 모이게 하는 것일까?

직장 경력 5년차인 인소미 씨는 IT 엔지니어다. 컴퓨터를 전공한 사람들이 대체로 내성적이고 개별적인 업무에 강하다는 통념처럼 소미 씨 또한 그리 사교적인 성격은 아니다. 하지만 그의 얼굴에는 항상 환한 미소가 그려져 있다. 밝은 얼굴로 인사하는 소미 씨를 보면 활력이 생긴다는 사람도 있다. 게다가 소미 씨는 남에게서 많은 것을 배우려고 노력한다. 자신이 모르는 것을 솔직하게 인정하고 상사와 동료에게, 혹은 부하 직원에게라도 서슴없이 자문을 구한다. 그런 모습 속에서 편안함과 솔직함을 느낄 수 있기 때문에 많은 사람들이 소미 씨 주변에 머무는 것이 아닐까.

사람이 모이는 사람들의 특징

① 여유롭고 재미있는 유머러스형

늘 무언가에 쫓기는 듯한 분위기는 보는 이로 하여금 긴장감과 불안을 가중시킨다. 반면 여유롭고 느긋한 성격으로 분위기를 유쾌하게 유도해 나가는 사람은 함께 있는 사람에게도 즐거움과 여유를 전하기 때문에 사람들이 모여들게 마련이다.

② 감동을 표현할 줄 아는 표현형

표현에 서툴다는 것은 결코 자랑이 아니다. 진심이 중요하다 하더라도 적절한 표현을 할 줄 모른다면 사람들은 오해할 수 있다. 따라서 감동을 적절하게 표현하는 것이 중요하다. 선물을 받았거나 뜻하지 않은 도움을 받았을 때, 혹은 칭찬을 들었을 때 당연한 것으로 받아들이지 않고 "와, 굉장하네요", "과찬이십니다"와 같은 한마디 말로 유쾌하면서도 적절하게 반응한다면 상대방은 호감을 가지게 된다. 뿐만 아니라 미안하다거나 감사하다는 말을 아끼지 않는 것도 매우 중요하다.

③ 타인의 능력을 솔직하게 인정하는 솔직담백형

누구든 인정받고 싶은 심리를 이용한 것이다. 상대방은 당신이 자신을 인정해 주었다는 사실만으로도 당신을 신뢰하고 호감을 가질 수 있다. 또한 상대의 능력을 인정하고 자신이 모르는 것은 솔직하게 인정할 때 상대의 능력을 활용할 수 있는 가능성도 높아진다. 인소미 씨처럼 서슴없이 자문을 구하는 것 또한 능력이다.

한편 잘 정돈되고 깔끔한 스타일인데도 사람들이 꺼리는 사람이 있다. 이런 사람은 대개 다른 사람의 의사는 전혀 개의치 않고 본인의 의견만 주장할 때가 많다. 심지어 자신의 의사와 반대되는 의견이 나올 때는 노골적으로 불쾌해 한다.

사람이 꺼리는 사람들의 특징

① 자기 의견만 내세우는 독불장군형

자신의 의견이 중요하듯이 타인의 의사도 들어보아야 한다. 지나치게 자기 의견만 주장하는 사람은 누구도 함께하기를 꺼린다. 이런 사람들은 작은 비난에도 쉽게 상처를 받아 주변 사람을 괴롭힌다. 자존심 회복을 위해 극단적인 행동도 서슴지 않는 독불장군형은 사람들이 피할 수밖에 없다.

② 만났다 하면 불평불만을 하는 투덜이형

사람에 따라서는 타인에 대한 험담을 서로 공유하면서 친해지는 경우가 있다. 때때로 상대방에게 연대의식을 심어주기 위해서는 공동의 적을 만들어 주는 것이 효과적일 때도 있다. 하지만 신경질적인 불평불만만 해대면 듣는 사람은 지치게 된다. 입만 열면 남의 험담을 해대다 보면, '이 사람은 타인에게도 내 험담을 늘어놓겠지' 하며 그의 주변을 떠나게 된다.

③ 말 옮기기를 좋아하는 떠벌이형

자신의 비밀이 중요하듯 타인에 대한 사생활과 정보도 중요하다는 개념을 갖고 있지 못한 사람이다. 여기저기 말 옮기기를 좋아하는 사람은 처음에는 관심을 받을지 모르나, 결국 사람들로부터 신뢰감을 잃어버리고 만다.

당신은 사람들을 모이게 할 것인가? 떠나게 할 것인가? 사람들이 당신 주위에 머물기를 원한다면 다음의 인맥 만들기에 필요한 전략들을 꼼꼼히 익히길 바란다.

효과적인 접근을 위한 4가지 전략

인맥 접근 단계에서 여러 사람들을 만나는 것이 최선은 아니다. 그보다 중요한 것은 새롭게 만난 상대방으로부터 호감을 사는 것이다. 첫 만남에서 상대에게 호감을 줄 수 있는 몇 가지 효과적인 법칙들을 알고 있으면 사람들과의 관계를 부드럽게 만들 뿐 아니라, 적절한 시기에 도움을 주고받고 정보를 교환할 수 있는 지혜로운 인맥으로 거듭날 수 있다.

1. 70 대 30의 법칙

비즈니스에서 가장 중요한 법칙 중의 하나가 상위 20%의 국민이 80%의 부를 소유하고 있다고 말한 파레토(Pareto, Vilfredo)의 '80 대 20' 법칙이다. 이 법칙은 20%의 조직원이 80%의 업무를 처리하고 있다, 하루 해야 할 일의 상위 20%를 처리하면 전체의 80%를 한 것이나 다름없다는 등으로 응용되기도 한다.

그렇다면 인맥에도 이러한 법칙이 있을까? 있다. 바로 '70 대 30' 법칙이다. 인류 역사에서, 특히 동양에서는 7이라는 숫자가 인간의 길흉화복을 주관하는 칠성과 관련이 있으며, 3은 양을 뜻하는 1과 음을 뜻하는 2가 합쳐져 만들어진 숫자로 음양이 하나가 된 완전한 존재로 생각한다. 이와 같이 행운과 조화의 상징인 7과 3을 그 비율로 하였으니, 우주의 기를 모아 사람간의 관계를 조화시키는 가장 좋은 비율이 될 수 있는 것이다.

따라서 인간관계에서 70 대 30을 기준으로 하여 원칙을 세우면 조화로운 관계를 만들어 나갈 수 있다.

예컨대 첫 만남에서 우리는 상대의 70%를 파악해야 한다. 그러기 위해서 상대방과의 대화에서 70%는 듣고 30%만 말하는 것이 이상적이다. 70% 이상 많은 부분을 들어주는 것이 중요하되, 30% 정도 적절하게 반응해 주는 것도 필요하다. 또한 무조건 '예스(Yes)'라는 표현은 좋지 않지만 70% 정도는 격려와 칭찬 등 긍정적인 표현을 해주는 것이 좋다.

그리고 어떤 모임에서든 핵심이 되는 30%의 사람들과 인맥을 형성하면 70%의 영향력을 가질 수 있다. 70대 30의 법칙은 이렇게 곳곳에서 활용될 수 있다.

2. 상대방 우선의 법칙

휴먼 네트워크를 현명하게 만들어 가기 위해서는 근본적으로 사람을 좋아하고 존중하는 마음이 있어야 한다. 인맥은 혼자 계획해서 만들 수 있는 것이 아니라, 타인과의 관계 속에서 상호간에 이해관계가 일치해야 성립할 수 있는 것이다. 인간은 예상외로 본능과 직감이 뛰어난 동물이어서 타산적으로만 접근하려는 사람은 멀리하고 의심하는 습성이 있다.

자기만의 확실한 네트워크를 구축하고 싶다면 우선 상대를 존중하고 그의 입장을 우선적으로 고려하라. 상대를 소중히 여기는 만큼 인맥은 넓어질 수 있을 것이다.

3. 자기 관리의 법칙

접근 단계에서 성공하기 위해서는 평소 자기 관리가 필수적이다. 다른 사람이 볼 때 매력적인 사람이 되면 인맥을 만드는 데 훨씬 수월하다. 매력적이라는 것은 외모상 아름다움을 뜻하는 것이 아니라, 진정으로 사람의 마음을 사로잡을 수 있는 힘을 뜻한다.

누구나 매력적인 사람에게 시선과 마음이 가기 때문에 상대방이 당신에게 매력을 느낀다면 인맥은 저절로 넓어질 수 있다. 인맥 관리의 기초단계에서 자기 관리의 방법을 터득한다면 당신의 가치도 한 층 높아질 것이다.

4. 시간의 법칙

인맥을 만드는 과정에서 중요한 것 중 하나는 즉시 효과를 기대해서는 안 된다는 것이다. 상호간에 인맥이 형성되었다 하더라도 가시적인 성과나 보상이 나타나기까지는 시간이 걸린다. 또한 시간이 흐르면서 신뢰가 깊어지면 그 성과도 크다. 따라서 장기적인 안목으로 접근하는 것이 필요하다. 또한 '사람이 사람을 부른다'는 말처럼 충실한 인맥은 또 다른 인맥을 끌어올 수 있기 때문에 그 효과는 평생 진행형이라는 것을 잊지 말자.

첫 만남에서 상대방의 70%를 파악하라

인간은 누구나 인정받고 싶어한다. 따라서 자신의 존재에 대해 알아주는 사람을 특별하게 생각할 수밖에 없다. 전략적으로 상대방에게 호감을 보일 수 있는 방법의 기초는 상대방의 존재를 최대한 기억해 주는 것이다.

첫째, 상대의 이름을 기억하라.

홍보대행사에서 PR팀장으로 근무하는 박선전 씨는 매체 홍보를 위해 다양한 사람들을 만날 기회가 많다. 홍보를 맡긴 클라이언트사 관계자부터 담당 기자까지 하루에도 여러 사람들을 만나는 경우가 많다. 이때문에 이름을 잊어버려 곤란을 겪은 적도 있다. 그래서 선전 씨가 생각해낸 방법은 처음 만났을 때 되도록이면 상대의 이름을 불러주는 것이다.

"처음 뵙겠습니다. ○○씨", "만나서 반갑습니다. △△△기자님."

이렇게 이름을 부르면 자연스럽게 이름을 외울 수 있을 뿐 아니라, 상대방의 호감을 살 수도 있다. 자신을 먼저 불러주는 것은 상대에 대한 관심을 표현하는 것일 뿐 아니라, 상대를 이미 알고 있다는 의미가 되기 때문이다. 처음 만나는 사람의 이름을 선뜻 부르는 것이 조금 어색하더라도 지금부터 연습해 보자.

"잘 지내셨어요?"에서 끝나지 말고 반드시 '이름'이나 '부장님'과 같은 직함을 붙여라.

둘째, 상대의 명함을 상세하게 분석하라.

처음 만나는 사람과 본격적으로 관계를 맺을 수 있는 시기가 명함을 교환하는 때다. 명함을 받고 나면 반드시 이름을 중심으로 회사이름과 부서, 직위, 회사의 위치를 파악하라. 그리고 회사에 대해 알고 있는 것이 있으면 언급하는 것이 좋다.

"유통회사에서 상품 기획을 하시는군요. 얼마 전 △△와 같은 히트 상품이 있었죠?" 혹은 "회사가 코엑스와 가까우시군요? 교통이 편리하시겠어요"와 같이 간단한 사항이라도 말해 주면 긴장된 분위기를 부드럽게 전환할 수 있다.

명함을 받고 나서 확인도 하지 않은 채 바로 가방에 넣거나 주머니에 넣는 실례를 범하지 않도록 유의하자. 명함에 있는 정보들은 상대에 대한 기초적인 내용들이므로 반드시 파악하고, 첫 만남이 정리될 때까지 테이블 왼쪽에 두고 참고하면서 이야기한 후, 자리를 일어나면서 소중히 명함 지갑에 넣도록 한다.

셋째, 상대의 신발을 확인하라.

첫 만남에서 상대의 모든 것을 파악하기란 매우 어렵다. 그러나 전체적인 분위기와 스타일은 은연중에 드러나게 마련이다. 헤어스타일이나 옷 입는 스타일에서도 상대의 성격이 나타난다. 화려하고 독특한 패션을 좋아하는 사람들은 대체로 말이 많고 자신을 드러내고 싶어하는 사람이므로 "수트가 참 멋있네요", "헤어스타일이 좋으십니다"라는 말로도 호감을 살 수 있다.

반면 수수하고 깔끔하게 정돈된 스타일이라면 외모에 대한 이야기보다는 사무와 관련된 내용에 더 관심이 많기 때문에 섣불리 말을 꺼냈다가는 가벼워 보이는 인상만 심어줄 수가 있다. 따라서 외모에서 드러나는 스타일을 빠르게 파악하는 감각이 필요하다.

단, 머리부터 발끝까지 너무 뚫어지게 쳐다봐서는 안 된다. 스치듯 지나가는 눈길에서 감각을 발휘해야 한다. 이런 모든 것들에 대한 파악이 어렵다면 반드시 상대의 신발을 확인하라. 신발의 종류와 모양, 색깔, 높이, 깔끔함의 정도가 그의 성격을 대변한다.

정장 구두를 신은 사람과 스니커즈를 신은 사람은 다르다. 검은색은 무난한 성격, 밝은 갈색이나 흰색은 튀고 싶어하는 성격이다. 또한 깨끗함의 정도에서도 분위기가 느껴질 것이다.

넷째, 대화 중 한 문장은 메모해 두자.

어떤 분위기에서 만나든지 처음 만나는 사람과는 어색하게 마련이다. 그래서 대화가 조심스럽고 자칫 중간에서 끊어질 때도 있다. 이런 어색함을 달래기 위해 원활한 대화를 이어가는 것이 중요하다. 그러나 더욱 중요한 것은 상대가 어떤 사람인지 머릿속에 남겨야 한다는 것이다.

상대의 말투와 사용하는 단어를 귀담아 들어보자. 지식의 정도와 성격 및 관심사까지 파악할 수 있다. 이때 되도록이면 상대방의 대화 중 인상적인 말 한마디를 반드시 기억하자. 자신의 말투와 생각이 담긴 한 문장을 당신이 기억해 준다면 상대가 느끼는 감동은 기대 이상일 것이다.

상대가 남긴 한 문장 활용법

1. 상대의 말투 중 특징적인 부분이나 대화 중 핵심이 담긴 짧은 문장을 기억한다.
2. 상대와 헤어진 후, 인맥 관리 전용 수첩이나 상대로부터 받은 명함 뒤에 살짝 적어둔다.
3. 이메일이나 엽서를 보낼 때 "……라는 말씀이 인상적이었습니다"라고 인용할 수 있다.
4. 나중에 만나도 수첩이나 명함을 확인하면 기억을 바로 떠올릴 수 있으며, 상대와의 만남에서 인용할 수 있다.

이처럼 첫 만남에서 상대방의 70% 이상을 파악하는 것에 익숙해지면 사람을 만나는 것 자체가 즐거워질 것이다.

6초의 신화

첫눈에 호감이 가는 사람이 있다. 필자가 일하는 서치펌에는 하루에도 수많은 후보자들이 면접을 보기 위해 방문한다. 그런데 문을 열고 들어오는 후보자의 첫인상만 봐도 그 사람이 성공적으로 이직할 수 있을지를 알 수 있다. 이 느낌은 사람마다 비슷해서 함께 일하는 헤드헌터들과 이야기를 나누어 봐도 크게 다르지 않는다. '앗, 저 사람이구나!' 하는 느낌을 받으면 거의 예외 없이 채용을 의뢰한 기업에서도 만족스러워 한다는 것이다.

긍정적인 첫인상이 인맥에서 비장의 카드가 될 수 있는 것은 사람들이 생각보다 비이성적이고 감성에 의존하고 있기 때문이다. 인간을 이성적인 동물이라고 하지만 통계적으로 사람들의 결정은 85%의 감정과 15%의 논리에 바탕을 두고 있다. 그 때문에 감각적으로 느껴지는 것에 많은 영향을 받는다.

대부분의 사람들은 첫 만남에서 호감이나 거부감을 결정지으며, 그 중에서도 처음 6초 동안 시야에 들어오는 느낌이 상대에 대한 이미지를 파악하는 데 결정적인 역할을 한다. 따라서 인맥을 형성하는 데는 6초 안에 자신의 첫인상을 어떻게 만드느냐가 중요한 요소가 될 수 있다.

첫인상은 이미지다. 유명 인사들이 자신의 이미지 메이킹을 위해 많은 투자를 하는 것도 이와 무관하지 않다. 그렇다면 긍정적인 이미지를 만들기 위해 신경 써야 할 것은 무엇일까?

첫째, 태도와 표정에 자신감을 부여하라. 메러비언(Mehrabian) 교수가 실험을 통해 밝힌 바에 따르면, 이미지를 형성하는 데 중요한 것이 태도나 자세, 표정, 몸짓 등 시각적으로 보여지는 요소라는 사실이다.

어깨와 허리를 곧게 펴고 자신감 있는 자세로 움직이는 사람에게 호감을 느끼는 것은 당연하다. 바른 자세는 합리적이고 분별력이 있다는 것을 대변해 주기 때문이다. 이때 긴장하지 않고 편안한 표정을 짓는 것이 중요하다.

둘째, 인사와 악수를 할 때도 매력을 발산하라. 고개만 까딱하고 바로 자리에 앉아 버리는 사람과 당신에게 미소 지으며 시선을 맞추고 인사하는 사람이 있다면, 당신은 누구와 함께하고 싶은가? 누구나 후자를 선택할 것이다.

　사람들은 눈이 맑은 사람이 좋다는 말을 자주 한다. 그만큼 눈에 많은 의미를 부여하고 있는 것이다. 따라서 상대방과 시선을 맞추는 것은 첫인상을 만드는 데 핵심적인 포인트가 될 수 있다. 또한 악수를 할 때는 되도록 손을 먼저 내미는 것이 유리하다. 먼저 마음을 열고 감정적으로 여유를 갖고 있다는 의미가 될 수 있기 때문이다. 악수를 할 때는 손바닥을 곧게 내밀고 손을 강하게 잡는 것이 좋다.

　셋째, 좋지 않은 습관은 없애라. 6초 동안 아무리 좋은 이미지를 심어 놓았다 하더라도 순간의 실수가 이미지를 허물어뜨릴 수 있다. 머리카락을 만지작거리거나 하품을 하는 것, 발을 떠는 것은 작은 몸짓이지만 상대에게 미치는 영향이 크다. 상대에게 호감을 주기 위해서는 자신의 습관 중에서 좋지 않은 것들은 버려야 한다.

 6초 안에 상대를 사로잡을 수 있는 이미지 메이킹 방법

1. 매일 아침 세안 후, 1분 동안 20회 정도 부드럽게 미소 짓는 연습을 해서 자기만의 아름다운 표정을 연출해 보자.
2. 하루에 두 번 2분간 눈을 뜬 상태에서 눈동자를 좌우로 돌려준다. 이 훈련은 눈의 긴장을 풀고 맑게 만들어 상대가 호감을 느낄 수 있는 시선 처리가 가능하게 해준다.
3. 퇴근 후 10분씩 어깨와 허리를 곧게 펴고 앉았다 일어나기를 50회 연습한다. 자신감 있고 당당한 태도가 몸에서 배어 나올 것이다.

* 이 방법은 매일 틈틈이 하는 것이 중요하다. 하루 15분 동안 꾸준히 하면 누구나 자신감 있는 자세와 자연스러운 시선 처리, 편안한 표정을 가질 수 있다.

플러스 · 마이너스 효과를 이용하라

최기호 과장은 항상 다른 사람을 칭찬하는 데 익숙하다.
"우리 김 대리는 정말 깔끔하구만."
"오 과장, 역시 오 과장이야."

그러나 아무도 그의 칭찬에 감동하지 않는다. 칭찬이 늘 같은 내용이어서 그저 반복된 인사 정도로만 들리며, '무엇이', '어떻게' 좋은 것인지에 대한 구체적인 내용이 담겨 있지 않기 때문이다.

대화에서 칭찬이 주는 효과는 대부분 긍정적이지만, 최 과장과 같이 추상적이고 성의 없이 하는 칭찬은 오히려 부작용을 낳기도 한다. 오히려 입에 발린 칭찬은 말한 사람의 신뢰감과 권위를 떨어뜨릴 수 있기 때문에 피하는 것이 좋다.

이제 칭찬도 전략적으로 할 필요가 있다. 그 기초가 되는 원칙이 바로 효과적인 대화의 핵심이다.

비슷한 칭찬을 해도 어떤 사람의 말은 정감 있게 들리는 반면, 어떤 사람의 말은 기분 나쁘게 들리는 경우가 있다. 둘의 차이는 무엇일까?

● 예 1
"서 과장, 오늘 정장이 참 잘 어울리네, 그런데 신발이 왜 그래? 좀 안 어울리는 거 같지 않아?"

◐ 칭찬을 먼저 하고 비난하는 방법

● 예 2

"김 대리, 넥타이가 비뚤어졌네. 그래도 색상은 참 좋은걸. 어디시 샀나?"

◐ 비난을 먼저 하고 칭찬하는 방법

둘의 결정적인 차이는 칭찬과 비난의 순서에 있다. 사람들은 대화에서 남는 여운을 중요하게 여긴다. 따라서 마지막에 한 말에 더 강한 메시지를 느끼게 된다. 많은 사람들이 비난을 하는 것이 미안하여 칭찬을 먼저 하고 비난하는 것이 좋다는 착각을 하기도 한다.

그러나 〈예 1〉에서처럼 칭찬 후 이어지는 비난은 기분을 증폭시켰다가 갑자기 떨어뜨리기 때문에 오히려 비난의 효과를 극대화시킨다. 그리고 상대방은 칭찬을 들었을 때 기쁨보다는 뒤에 이어질 비난을 두려워하게 된다. 결과적으로 이런 사람과의 대화를 꺼리게 될 수밖에 없으며, 이것을 '마이너스 효과'라고 한다.

〈예 2〉를 보자. "매도 먼저 맞는 것이 좋다"는 말처럼 비난을 먼저 들은 후에 칭찬을 받게 되면 이전에 들었던 비난의 기억은 줄어들고 뒤에 받은 칭찬에 대한 효과가 증폭된다. 이것을 '플러스 효과'라고 부른다. 대화할 때 플러스·마이너스 효과의 원칙을 적절하게 사용하는 것이 중요하다.

이와 같은 원칙은 미국의 심리학자 아론슨과 린다의 실험을 통해 나타난 것으로 처음에는 깎아내리다가 중간에 칭찬하는 방법이 가장 좋은 효과를 얻는다고 했다. 이 밖에도 활력 있고 매력적인 대화의 방법으로는 어떤 것들이 있을까?

첫째, 대화의 주제는 밝고 긍정적인 것으로 택하라.

뉴스에서는 온갖 복잡하고 지저분한 사건과 사고가 자주 거론된다. 또한 이런 사건들은 세상살이의 일부분이 되기도 하므로 자주 대화의 주제가 되곤 한다. 그러나 굳이 처음 만난 사람과 우울한 이야기를 나눌 필요는 없다. 끔찍한 사건, 사고나 최근의 유행병 등과 같은 무겁고 부정적인 주제 대신 새로우면서도 유쾌한 화젯거리로 이야기를 시작하라. 첫 대화의 주제는 그 사람의 분위기를 좌우할 수 있다는 것을 명심하자.

둘째, 듣는 것에 집중하라.

대부분의 경우에 사람들은 자신이 이야기한 것보다 더 많이 듣고 있다고 착각하는 경우가 많다. 이것은 자신이 이야기할 때 더 집중하기 때문이다. 그래서 50%는 듣고 50%는 본인이 말했다고 생각하는 경우, 상대의 이야기를 귀담아 들은 비중은 30%에 지나지 않는다고 생각하는 것이 좋다. 자신에 대해 많이 알리는 것이 상대방에게 깊은 인상을 남기는 것은 아니다. 따라서 70%는 상대방의 말을 주의 깊게 듣는다는 느낌으로 대화하자. 많은 사람들의 뇌리에 인상적인 사람은 자신의 말을 귀 기울여 들어주는 사람이다.

셋째, 상대방의 말에 적절하게 반응하라.

대화를 할 때는 상대방의 말에 적절한 반응을 해줄 필요가 있다. 고개를 끄덕이거나 맞장구를 쳐주는 것은 기본이다. 이에 상대방의 말에 연결되는 다른 정보나 의견이 있을 때는 그에 대해 언급해 주도록 하자. 특히 좋은 정보를 주는 것은 상대와의 관계를 지속하게 하는 좋은 매개체가 될 수 있다.

한편 상대방과 이야기하면서 주위를 산만하게 두리번거리는 것만큼 기분 나쁜 것은 없다. 일 대 일의 만남이든 여러 사람과의 만남이든 상대방을 나의 진정한 인맥으로 끌어들이고 싶다면 그가 말할 때 시선을 맞추도록 하자. 시선을 맞추면 상대방의 기억에 인상적으로 남을 뿐 아니라 커뮤니케이션의 효과를 배로 만들어줄 수 있다.

넷째, 반드시 관심사를 찾아내라.

업무상 만난 경우라 하더라도 공동의 관심사를 끌어낼 필요가 있다. 관심사는 최근 이슈가 되고 있는 뉴스가 좋으며, 틈틈이 개인의 취미나 관심분야, 업무에 대한 것도 좋다. 최근에는 요리나 음식점에 관한 관심도 높다. 사소한 것이라도 관심사를 찾아낼 수 있다면 앞으로의 만남을 지속하기가 훨씬 쉬워진다.

나만의 브랜드를 만들어라

길거리 광고판에 빨간 뚜껑이 하나 붙어 있는 것만 봐도 목이 마르다. 바로 '코카콜라' 가 생각나기 때문이다. 골대를 향해 힘차게 달려가는 마이클 조던을 보면 "그가 신은 신발은 '나이키' 일까?" 하는 생각이 잠시 스쳐가기도 하며, 컴퓨터 윈도우 화면을 보면 때때로 '빌 게이츠' 가 생각난다. 아마 성냥개비를 물고 있는 호남형의 남자를 본다면 영화배우 '주윤발' 을 떠올리게 될 것이다.

이와 같이 어떠한 이미지를 보고 상품이나 사람이 떠오르는 것은 그것이 브랜드 구축에 성공했음을 뜻한다. 브랜드 구축이 잘된 상품은 판매를 촉진시킬 수 있고, 브랜드 구축이 잘된 사람은 인간관계를 쉽게 발전시켜 나갈 수 있다. 그렇기 때문에 유명한 CEO나 연예인들은 자기만의 브랜드를 확실히 구축하는 데 심혈을 기울인다.

과연 자기 브랜드화는 인맥 형성에 어떤 도움을 줄 수 있을까? 우선 처음 보는 사람들에게도 쉽게 자신의 이미지를 각인시킬 수 있다. 또, '○○분야에 유능한 사람', '감각이 뛰어난 사람', '융화가 잘 되는 사람' 등 특정한 사람을 찾을 때 상대로부터 자신을 떠올리도록 유도할 수 있다.

핵심 인재로 인정받는 사람을 살펴보면, 특별한 능력을 갖추고 있기보다는 브랜드 관리를 통해 자신을 제대로 홍보한 경우가 많다. 자기 브랜드화는 누구나 할 수 있다. 타인에게 당신을 긍정적으로 각인시키고 효과적인 인간관계를 만들고 싶다면 바로 지금부터 시작해 보자.

1단계 자기 분석에 따라 브랜드 전략을 세우라

한번 각인된 브랜드 이미지는 쉽게 바뀌지 않는다. 따라서 신중을 기해 자신을 분석하고 그에 따른 전략을 세워야 한다. 브랜드화할 때는 자신이 가장 자신 있는 일을 중심으로 내세우거나, 자신의 스타일을 중심으로 만들 수도 있다.

먼저 자신의 독특한 능력은 무엇인지, 성격은 어떠한지를 따져보자. 자기 가치를 스스로 조사 · 계획하고 자신의 능력을 가늠해 본 다음, 자신이 추구하고자 하는 지향점과 같은지 파악해야 한다. 또한 사회 · 경제적으로 미래 지향적인 시대 상황에 맞는지도 고려하는 것이 좋다.

이렇게 자기 브랜드를 만들어 가는 과정에서는 자기의 단점을 오히려 과감히 드러내 성공하는 경우도 있다. 한 예로 탤런트 류승범은 아무도 선호하지 않을 것 같은 촌스러워 보이는 추리닝 스타일로 시청자들의 눈에 띄었고, 귀까지 걸릴 것 같은 커다란 입, 그리고 특유의 웃음소리와 목소리로 사람들에게 신선하다는 이미지를 심어 주었다. 열등감을 살려 브랜드화하는 것은 열등감을 없앨 수도 있는 가장 효과적인 방법이다.

2단계 자신의 브랜드 전략에 따라 적절하게 포장하라

브랜드란 만들어 나가는 것이다. 자신을 정확하게 분석하고 브랜드 전략을 세웠다면 적절한 포장으로 브랜드 파워를 키워 나가는 것이 중요하다. 'For Us, By Us'의 약자로 '우리를 위해 우리가 만든 옷'이라는 뜻을 담고 있는 힙합 캐주얼 의류 '후부(FUBU)'는 '흑인들을 위한 옷, 흑인들의 라이프 스타일'이라는 브랜드화에 성공하여 비싼 가격인데도 잘 팔려 나가고 있다.

'창의적인 아이디어와 감각을 지닌 전략 기획자'라는 브랜드 전략을 세웠다면 평소에 창의력과 문화적 감각을 키워야 한다. 때때로 튀는 의상과 행동에도 거부감이 없어야 할 것이다. 그리고 자신의 이미지를 일관되게 구축해 나갈 필요가 있다. 이 과정에서 자신을 쉽고 간단하게 표현할 수 있는 핵심 메시지를 만드는 것도 좋다.

3단계 포장된 브랜드는 타인에게 홍보하라

기업이 브랜드를 만들면 지속적으로 마케팅하고 홍보하는 것처럼 자신만의 독특한 브랜드를 개발했다면 다양한 수단으로 표현하는 것이 중요하다. 기회는 스스로 만들어 나가는 것이기 때문에 남들이 알아줄 때까지 기다릴 필요는 없다. 주변 사람들과의 만남에서나 회사 내에서도 본인의 브랜드를 수시로 언급해 줄 필요가 있다.

직접적으로 언급하는 것보다는 자신의 브랜드와 관련된 정보에 대해 자주 말하거나 그와 관련된 사람에 대해 언급하는 것도 은근히 알릴 수 있는 방법이다. 가끔은 엉뚱한 이야기로 자신을 강하게 각인시킬 수도 있다. 단, 직접적으로 과도하게 떠벌리는 것은 오히려 부정적인 효과를 줄 수도 있으므로 유의해야 한다. 자신이 어떤 일에 관심과 지식을 갖고 있는지 자연스럽게 표현하고 자신의 스타일도 일관되게 보여주면서 상대에게 알리는 것이 중요하다.

4단계 자기 브랜드화를 통해 인맥을 만들어라

일을 하다 보면 수시로 사람들을 만나게 되고 그렇게 만나는 사람들의 명함이 명함집에 쌓이게 된다. 하지만 그들 중에는 1회의 만남으로 끝나는 경우도 많아 결국 명함을 보고도 기억해 내지 못할 때가 있다. 그런데 자기 브랜드화가 확실하게 된 경우에는 몇 마디 핵심 단어나 이미지만으로 상대에게 선명하게 부각될 수 있으므로 1회성 만남으로 끝나지 않고 이어질 가능성이 높다.

또한 상대에게 흥미를 일으켜 관심을 자극할 수 있으며, 업무상으로나 생활 속에서 예상치 못한 좋은 기회를 얻을 수도 있다.

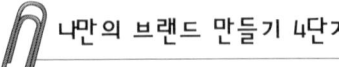
나만의 브랜드 만들기 4단계

1단계 - 자기 분석에 따른 브랜드 전략 세우기
2단계 - 브랜드 전략에 따라 포장하기
3단계 - 타인에게 브랜드 홍보하기
4단계 - 자기 브랜드화를 통한 인맥 만들기

정보의 메카가 되라

사내 정보를 빠르게 알아내는 소철수 씨

국내 특급 호텔 연회 판촉팀에서 일하는 소철수 과장은 사내 소식통으로 정평이 나 있다. 소 과장이 이 호텔에서 일한 지는 3년, 이전에도 호텔에서 근무했기 때문에 조직 특성에 대해서도 잘 알고 있다. 사내 인사 이동이나 외부 인재 영입에 대한 소식은 물론, 새로운 정책에 관한 소식도 빠르다.

사람들은 사내의 움직임에 대해 알고 싶을 때 소 과장에게 몰려들고, 그가 전해 주는 소식에 대한 사람들의 뜨거운 반응 덕분에 직원들의 의견도 그에게 모인다. 동료들은 물론 회사에서도 여론을 움직일 수 있는 소 과장에게 관심을 보이는 것은 당연하다.

업계 정보는 내 손 안에 있다는 진영희 씨

패션 유통회사 마케팅팀에 근무하는 진영희 대리는 대학에서 경제학을 전공했지만 패션분야에 관심이 많아 현재 회사에 입사했다. 의류 관련 전공자들이 많은 회사 내에서 본인의 입지를 굳히기 위해 입사 초기부터 꾸준히 패션잡지와 관련업계 소식지를 섭렵하기 시작한 진 대리는 국내 뉴스뿐 아니라 해외 뉴스에도 관심을 쏟았다. 인터넷 사이트를 통해 해외 주요 신문들의 패션과 문화 관련 뉴스를 매일 보고, 해외업계 주간지의 정보도 틈틈이 스크랩하고 있다. 그러한 노력을 한 끝에, 진 대리는 국내외 최신 트렌드에 정통하게 되었고 주변에서는 차츰 그에게 업계 정보를 묻기 시작했다. 본인의 콤플렉스를 장점으로 승화시킨 좋은 사례다.

소철수 씨나 진영희 씨는 유난히 업무 성과가 뛰어나거나 인간성이 좋다고 알려진 것은 아니다. 단지 사람들이 필요로 하는 정보를 신속하고 정확하게 확보하고 있었던 것이다. 이 두 사람의 정보 수집 방법은 달랐지만 각자의 관심분야에서 충실하게 정보를 수집해 관리함으로써 주변 사람들을 끌어 모을 수 있었다.

21세기는 지식 정보의 시대다. 개개인의 경쟁력은 정보의 양과 질로 승부한다고 할 만큼 정보에 대한 중요성이 높아졌다. 따라서 위의 사례와 같이 정보의 메카가 되는 것만으로도 사람이 모인다. 정보의 메카가 되기 위한 노하우를 살펴보자.

정보의 메카가 되기 위한 단계별 실천법

1단계 스페셜리티를 가져라.
2단계 하루 하나의 신문 읽기를 실천하라.
3단계 경제 주간지 및 업계 정보지를 두세 가지 섭렵하라.
4단계 본인이 가진 정보를 적절하게 알려라.
5단계 상대가 필요로 하는 정보를 통해 새로운 정보를 파악하라.

↓

정보의 리더로서 위치 확보

1단계 스페셜리티를 가져라

일단 자신의 구체적인 전문분야를 정한 후, 해당분야에 대한 정보는 한층 심도 있게 수집해 나가는 습관을 길러야 한다. 정보의 집중도를 높이면 해당분야에 대한 흐름을 파악할 수 있을 뿐 아니라 남들이 갖지 못한 희귀 정보까지 확보할 수 있다.

이러한 정보 확보가 본인의 전문성을 타인에게 알릴 수 있는 밑거름이 되기도 한다. 전문분야는 직업과 관련이 있는 업계를 중심으로 하고, 구체적인 분야를 정해 전략적으로 실천하다가 차츰 분야를 넓혀 나가는 것이 좋다.

한 예로, 프로그래머라면 일반적인 IT 업계의 정보를 대충 훑어보기보다는 '자바 기반의 무선 어플리케이션 개발자'라는 구체적인 목표를 세우고 필요한 정보들을 모아가는 것부터 시작할 필요가 있다.

2단계 매일 신문을 읽어라

신문에는 정치, 경제, 사회, 문화의 주요 정보가 들어 있다. 세상의 큰 그림 속에서 본인의 스페셜리티 분야가 어떤 위치에 있으며 어떤 역할을 하고 있는지에 대해 실시간으로 파악하는 것이 중요하다. 따라서 매일 아침 30분 정도 신문을 읽는 것이 중요하다. 남보다 빠른 정보를 위해 새벽에 읽는 것도 좋다. 단, 신문은 여러 매체가 유사한 정보를 전하고 있으므로 하루 한 신문이면 충분하다. 정독하는 것보다는 주요 헤드라인 뉴스를 파악한 후, 본인의 관심분야에 관련된 주요 정보는 스크랩하는 것이 효율적이다.

또한 경제면이나 뒷면부터 읽는 것도 한 방법이다. 앞면에 배치된 속보성 뉴스는 이미 인터넷이나 방송 뉴스를 통해 접한 경우가 많기 때문에 굳이 시간을 낭비할 필요가 없다.

3단계 경제 주간지 및 관련업계 정보지에서 정보를 얻어라

정보의 메카가 되기 위해 가장 중요한 단계이기도 하다. 한 CEO는 "경제 주간지가 업계 바이블이다"라고 표현할 만큼 관련업계에서 가장 필요한 정보와 지식은 경제 주간지를 통해 상당 부분 얻을 수 있다.

이때 한 가지만 접하는 것보다는 1주일 단위로 두세 개를 함께 접하는 것이 좋다. 몇 가지를 함께 비교하면 주요한 뉴스가 겹치는 것을 보면서 이슈의 본질을 확실하게 파악할 수 있기 때문이다. 더불어 국내 소식뿐 아니라 해외 소식까지 정기적으로 파악해 두는 것이 좋다. 이러한 주간지나 관련업계 정보지는 개인적으로 모두 구독하지 않더라도 회사 자료실이나 인터넷을 통해서 얻을 수 있다.

단, 잡지 한 권을 첫 장부터 독파할 필요는 없다. 우선 차례에서 흥미로운 기사를 찾아내어 이를 중심으로 살펴본 뒤 필요한 부분은 스크랩해 두었다가 필요할 때 꺼내볼 수 있도록 준비하는 것이 좋다.

4단계 본인이 가진 정보를 적절하게 알려라

아무리 많은 정보를 갖고 있어도 남들이 모르면 소용이 없다. 인맥을 모으기 위한 접근 단계인 만큼 사람들과의 대화나 사내 게시판 등을 통해 은근히 본인이 가진 정보량을 과시할 필요가 있다. 사보를 활용하는 것도 좋다. 단, 주의할 점은 모든 정보를 알릴 필요가 없다는 것이다. 개별적인 질문에도 답할 수 있도록 자신만의 비밀 병기는 보관해 두어야 한다.

5단계 상대가 필요로 하는 정보를 통해 새로운 정보를 파악하라

정보의 범위는 무한대다. 회사 내부에서나 외부에서 상대방이 필요로 하는 정보를 수시로 접하면서 본인이 부족한 부분을 알 수 있으며, 앞으로 사람들의 관심을 모을 수 있는 분야를 발견할 수도 있다. 상대방의 의견을 통해 새로운 정보를 파악해 나가면, 자신이 이슈를 전달하는 차원에서 벗어나 이슈를 이끌어 나갈 수 있는 정보의 리더가 될 수 있다.

> **주의점 ▶ 개인 정보는 반드시 보호해 주어야 한다**
>
> 정보를 가진 사람이 가장 유의해야 할 점은 알려야 할 정보와 알리지 말아야 할 정보에 대한 구분을 명확히 해야 한다는 것이다. 사내에서 반드시 유출시키지 말아야 할 정보나 개인의 프라이버시와 관련된 주요 정보는 아는 만큼 지켜주는 것이 중요하다. 엄격하게 정보 보호를 해 나갈 때 진정한 정보의 메카가 될 수 있음을 상기하자.

때로는 허점을 보여라

"지나치게 맑은 물엔 고기가 살지 않는다"라는 말이 있다. 실수를 허용하지 않는 사람 주변에는 사람들이 접근하기 힘들다는 표현이다. 덜렁대거나 깜빡 하고 잊어버리는 실수를 저지르는 사람들에게 인간미가 있다고 하는 것도 이와 다르지 않다.

건설회사에서 근무하는 박재희 이사는 정확한 일처리와 냉정하리만큼 부하 직원들을 엄하게 다루는 것으로 소문이 나 있다. 그러던 어느 날, 박 이사의 심한 꾸중에 팀원들은 의욕을 상실하고 업무는 제자리걸음을 하고 있을 때였다. 박 이사는 술자리를 제안했고 팀원들과 술잔을 기울인 후 "그간 내가 너무 심했다면 이해하길 바랍니다. 이번 프로젝트에 여러분들의 능력이 절실히 필요합니다" 하고 말하며 눈물을 흘렸다. 냉혈한 같았던 그의 눈물에 직원들은 잠시 숙연해졌다. '이사님에게도 이런 면이 있구나!' 하고 느낀 직원들은 그날 이후 밤을 새우며 일했고 프로젝트를 성공리에 마칠 수 있었다.

사람들은 독불장군형을 좋아하지 않는다. 모든 것을 자신이 옳다고 생각하고 독단적으로 처리하는 것보다는 박 이사처럼 때로는 도움을 청하는 것이 사람들을 움직이게 하는 원동력이 될 수도 있다. 따라서 때로는 허점을 보이는 것이 나에게 유리한 결과를 줄 수 있다. 타인에게 실수하지 않는 완벽함을 보이려고 애쓰기보다는 자신의 허점을 인정하고 이를 긍정적인 방향으로 승화시켜 나가는 것이 중요하다.

그런 의미에서 우선 모르는 것은 인정해야 한다. 아무리 지식이 풍부한 사람이라 할지라도 일이나 생활에 있어서 완벽한 해답을 갖고 있는 사람은 없다. 문제는 이를 해결해 줄 사람을 찾을 수 있느냐 없느냐이다. 인맥을 통해 우리가 추구하는 것도 혼자 해결할 수 없는 부분에서 얼마나 지혜롭게 타인의 도움을 받을 수 있는가에 달려 있다.

타인으로부터 도움을 받기 위해서는 우선 모르는 것을 모른다고 인정할 필요가 있다. 어떤 사람도 혼자 모든 답을 갖고 있는 척 하는 사람에게는 도움을 주지 않는다. 상대방으로부터 '혼자 해결하겠지', '쳇, 얼마나 잘하나 보자' 하는 생각만 심어줄 뿐이다.

솔직하게 모른다고 인정하면 이와 관련된 정보를 얻을 수도 있으며 도움을 줄 수 있는 사람을 소개받는 우연을 기대할 수도 있다. 모르는 것 자체가 부끄러운 것이 아니라, 모르는 것을 아는 체하려는 허황됨이 부끄러운 일이라는 사실을 기억하자. 또한 자신의 허점으로 인한 실수는 솔직하게 사과하는 것이 좋다.

"자네, 왜 이번 보고서가 이 모양인가?"

"죄송합니다. 자료가 부족해서 현실적인 대안이 부족했습니다. 주말을 이용해서 다시 작성해 보겠습니다."

때때로 실수로 인해 위와 같은 질책을 받을 수 있다. 이럴 때 자신의 실수를 인정하고 지적된 내용을 고치기 위해 노력하려는 자세를 보여주면 오히려 전화위복의 기회가 될 수 있다. 실수 없이 처리했을 때는 알 수 없었던 진솔한 모습을 보여주고 이로 인해 감동을 전해 줄 수 있기 때문이다.

이러한 허점을 고쳐 다음에 나은 모습을 보여준다면 이로 인한 성과뿐 아니라, 자신의 지적을 귀담아 듣고 실천했다는 사실에 더욱 만족한 상대방과 더 효과적인 인간관계를 만들 수 있다.

[Interview 2]

따뜻한 마음으로 징검다리가 되자

유인경(경향신문 기자, 방송인)

"인맥 관리요? 전 전략적인 인맥 관리와는 거리가 먼 사람입니다."
'인맥의 달인'이라는 말에 화들짝 놀란 그녀가 던진 첫 마디다. 기자생활 초기에 우연히 출연했던 방송활동이 계기가 되어 10년째 TV와 라디오를 누비며 방송인으로도 활동하고 있는 유인경 기자는 시원시원한 말솜씨만큼이나 솔직하고 편안하게 사람들을 대하는 것으로 잘 알려져 있다.

유인경 기자는 매스컴의 중심부에서 활동하고 있기 때문에 사람들의 호감을 사기 위해 선물을 준비하는 재치 있고 약삭빠른 사람들이나 성공적인 직장생활을 위해 권력이 있는 곳으로 줄을 서는 사람들을 그 누구보다 많이 보아왔다. 하지만 정작 그녀 자신과는 거리가 먼 남의 일로만 치부해 왔다. 그리고 그저 재미있고 즐거운 사람들을 만나는 것에 더 많은 관심을 갖고 있기 때문에 스스로 인맥 관리에 문제가 있는 사람이라고 생각하고 있었다.

그러나 수년간 방송활동을 지속할 수 있었던 점이나 주변에 그를 따르는 사람들이 많은 것을 보면 단순히 인복이 많아서라고 치부하기에는 무언가 부족하다. 그렇다면 사람들을 모이게 하는 그녀만의 특별한 비결은 무엇일까?

첫째, 사람들을 만날 때 사리사욕을 갖지 않는다.

사람은 진심으로 자기에게 마음을 여는 사람들에게 관심을 갖게 마련이다. 자신의 목표나 욕심에 부합할 수 있는 사람들에게는 의도적으로 접근하고 그렇지 못한 사람들은 멀리하다 보면 결국 그 의도가 드러나 오히려 신뢰감을 무너뜨릴 수 있다.

유인경 기자는 계획적인 인맥 관리에는 서툴지만, 어떤 사람이든 거부감 없이 편안하게 대함으로서 새로운 관계를 만들어 나가는 데 능숙하다. 특별한 목적 없이 우연히 알게 된 할머니 팬과 가끔 연락을 주고받기도 하고 무작정 그녀를 만나기 위해 찾아오는 사람들도 마다하지 않는 것이 이런 사실을 뒷받침해 주고 있다.

"현재 나와 전혀 상관없어 보일지라도 언제 어디서 어떠한 관계로 다시 만날지 알 수 없는 것이 세상입니다. 어떤 지위에 있는 사람을 만나느냐가 중요한 것이 아니라, 어떤 사람이든 진심으로 만나는 것이 중요하다고 생각해요."

둘째, 상대방을 인정하고 과감히 추천할 줄 안다.

사람들이 그녀 주변에 모일 수밖에 없는 것은 그녀가 알게 모르게 실천하는 징검다리 역할 덕분이기도 하다. 기자라는 직업적 특성 덕분에 많은 사람을 만날 수 있다는 장점이 영향을 미치기도 했지만, 그녀는 사람들의 특기를 발견하고 인정해 줄 뿐 아니라 과감히 상대방에게 추천해 주는 데 익숙하다.

몇 년 전 좀더 색다른 아이템을 갈구하던 PD에게 당시 잘 알려지지 않았던 성교육 전문가 구성애 씨를 추천해 줌으로써 스타급 강사로 만드는 데 일조하기도 했다. 이렇듯 유인경 기자는 어떤 대가를 바라지 않고 상대방의 장점을 찾아내 칭찬하고 또 다른 사람에게 소개하는 따뜻한 마음씨를 지녔다.

많은 사람들이 자신이 갖고 있는 정보를 다른 사람들에게 알리기를 꺼리고 타인을 추천하는 데 소극적이라는 점과 대조적인 대목이 아닐 수 없다. 이러한 징검다리 역할은 상호간의 욕구를 만족시켜 주고 관계를 유지할 수 있도록 하는 데 적지 않은 역할을 하고 있다.

유인경 기자는 지금까지 직장에서 소수자로서 인맥에 소홀했던 여성들도 앞으로는 현명한 인맥 관리에 관심을 가질 필요가 있다는 당부의 말을 잊지 않았다.

"21세기는 어떠한 조건보다 감성이 중요시되는 '무조건의 시대' 입니다. 조건을 가진 사람들에게 휘둘리기보다는 진정 사람을 아끼는 따뜻한 마음이 '인맥' 을 관리하는 데 선행되어야 하지 않을까요?"

전략적으로 관리하지는 않지만 어떠한 대가를 바라지 않고 진심으로 사람들을 대하는 그의 이러한 자세야말로 풍요로운 사람관계를 지닌 인맥의 달인다운 태도가 아닐까.

유인경 기자는 성균관대 신문방송학과를 졸업하고 조선일보 출판국을 거쳐 현재 경향신문 여성부 부장으로 근무하고 있다. MBC〈아주 특별한 아침〉, KBS〈황정민의 FM대행진〉등에서 게스트로 활동하고 있으며, 저서로『내 인생 내가 연출하며 산다』,『웬수들과 살기』등이 있다.

5장 인맥 쌓기 Ⅱ. 사람 부자가 될 수 있는 아주 특별한 원칙

맨날 그 물에서 노는 데는 원인이 있다 : '끼리끼리' 통념 깨부수기

한국인들은 유난히 '우리'라는 감정을 좋아한다. 다시 말해서 무언가 비슷한 것이 있으면 뭉치기 쉽지만, 나와 다른 것에는 배타적이다. 해외에서 유학중인 학생들을 살펴보면 한국 학생들끼리 몰려다니는 모습이 자주 포착된다는 사실도 이런 문화를 반증하고 있다고 할 수 있다.

이미 우리는 반세기 동안 '끼리끼리' 문화의 폐해를 겪었다. 사소한 공통점을 찾아내고 그를 빌미 삼아 배타적인 문화를 형성한 정치인들의 편협한 시각과 비리 때문에 실패하는 모습들은 그 위험성을 보여준다.

이러한 성향은 국가간·민족간에만 나타나는 것은 아니다. 성격적으로, 혹은 외모에서 풍기는 선입견 때문에 '저 사람은 나와 다르다'

는 생각으로 일축해 버린다면 우리가 접할 수 있는 문화와 인맥은 반감되고 말 것이다. 하지만 이런 이상적인 답안을 알고 있는데도 우리의 행동은 '끼리끼리' 문화의 현실에 근접해 있다. 왜 그럴까?

우선 갈등을 두려워하기 때문이다. 사람들은 타인과의 마찰을 두려워한다. 갈등과 마찰로 인한 불쾌한 감정을 사전에 예방하고 싶다는 생각도 있으나, 마찰 때문에 생기는 이후의 상황들을 귀찮아하는 경우가 많다. 이러한 갈등을 통해 아이디어를 만들어낼 수 있다는 사실을 인정하지 않은 채, 갈등으로 인해 생기는 불쾌한 감정과 스트레스만 기억한다. 그리고 '음, 역시 달라서 안 되겠군'이라고 생각하고 관계 맺기를 포기한다.

변화에 따르는 이질감과 불안정함을 싫어하는 것도 '끼리끼리' 문화를 유지하는 결정적 이유 중 하나다. 자신이 갖고 있는 기존의 스타일과 사고방식에 익숙해져 있기 때문에 굳이 새로운 것에 따른 변화를 원치 않는 것이다.

또한 다른 사람들에게 접근하는 방법을 모르기 때문이다. '친구는 유유상종'이라는 말이 있듯이 나와 비슷한 사고방식과 삶의 스타일을 지향하는 사람들과 자연스럽게 만날 기회가 많기 때문에 어느 순간에 주위를 둘러보면 비슷한 사람들끼리 만나게 되는 것이다. 하지만 이러한 생각은 지극히 아날로그적인 사고방식이라는 것을 깨달아야 한다.

이제 그동안 가지고 있었던 사고방식을 전환하자. 당신과 비슷한 사람들만 주변에 있다는 것은 그만큼 인맥 확장에 대한 당신의 노력이 부족했다는 것을 증명해 줄 뿐이다. 그로 인해 한정된 정보망 속에서 살아간다면 디지털 시대에 경쟁력을 가질 수 있겠는가?

학교나 회사를 통해 얼굴을 맞대고 사람들을 만나야 인맥이 되는 시대는 지났다. 인터넷과 모바일을 통해 무한대의 정보망을 활용할 수 있는 범위는 지구촌 전체라는 것을 잊어서는 안 된다. 만약 당신이 새로운 분야와 사람에 대한 관심만 있다면 그 성취 여부는 당신의 노력 여하에 달려 있다.

갈등을 두려워하는 마음을 버리자. 갈등이 없다면 우리는 편협한 시야를 벗어나기 어렵다. 다양한 정보를 얻고 문제 해결에 대한 대안을 찾는 데 한계가 있을 수밖에 없는 것이다. 이젠 가치관이나 생활방식이 다른 사람들과 갈등이 생기는 자연스러운 현상을 받아들이고 즐겨보자. 상대방에 대해 이해하고 관심사를 넓혀가면서 문제를 해결하고 의사소통의 수준을 높여 한 단계 자신을 업그레이드시킬 수 있다는 신념을 갖는 것이 중요하다.

이미 몸에 밴 습관과 사고방식을 바꾸는 것에 조금 무리가 따르겠지만, 인간관계의 확장을 위해서는 변화에 대한 거부감도 과감히 버릴 수 있어야 한다.

세간에 잘 알려져 있는 '인생에서 가장 필요한 12가지 친구'에 따르면, 나의 변신을 유혹하는 개성있는 친구도 있어야 한다. 그저 같은 분위기의 장소에서 같은 화제로 대화하는 것보다는 색다른 친구와의 만남이 색다른 이벤트와 아이디어를 제공해 줄 수도 있다. 특정한 연고가 있는 사람들끼리 끼리끼리 몰려다니며 그들만의 문화를 만들기보다는 열린 인맥으로 다양하고 풍부한 정보와 문화를 추구할 때 경쟁력 있는 인맥의 달인으로 거듭날 수 있을 것이다.

인생에서 가장 필요한 12가지 친구

1. 믿고 의논할 수 있는 든든한 선배
2. 무엇을 하든지 믿고 따라오는 후배
3. 에너지를 충전시켜 주는 애인
4. 어떤 상황에서도 내 편인 친구
5. 쓴소리도 마다하지 않는 냉철한 친구
6. 언제라도 불러낼 수 있는 술친구
7. 추억을 많이 공유한 오래된 친구
8. 나의 변신을 유혹하는 개성 있는 친구
9. 독립 공간을 가진 독신 친구
10. 부담 없이 돈을 빌려주는 부자 친구
11. 여행하기 좋은 먼 곳에 사는 친구
12. 연애 감정이 안 생기는 속 깊은 이성 친구

관계를 넓히는 데 필요한 준비 운동

주로 타인과의 첫 만남에서 상대방이 당신에게 호감을 느끼도록 주력하는 것이 인맥 접근 단계의 핵심이라면 실질적으로 전략을 세워 인맥을 만들어 나가는 것이 확장 단계에서 할 일이다. 동료부터 최고의 리더까지 나의 인맥으로 끌어들이기 위한 마음의 준비는 어떻게 해야 할까? 사람 부자가 되기 위한 실전에 앞서 준비운동을 시작해 보자.

첫째, 뛰어난 사람과의 관계를 만들어 나가는 데 주저하지 말라.

인맥의 범위는 당신의 삶을 결정할 수 있다. 인맥은 단순히 사람들과의 관계 속에서 즐기는 유희 그 이상의 의미를 갖는다. 인맥은 당신의 정보 네트워크의 범위를 규정짓고 당신의 라이프스타일에 영향을 미칠 수 있다. 만약 당신의 목표가 원대하다면, 뛰어난 사람과의 관계 형성을 두려워해서는 안 된다.

이제 더 이상 소극적인 형태의 인간관계를 지속하지 말자. 참고 기다리는 것만이 능사인 시대는 지났다. 뛰어난 사람을 만나기 위해서는 적극적으로 인맥을 만들어 나가는 것이 필요하다는 사실을 잊어서는 안 된다.

둘째, 스쳐간 인연도 인연이다.

산 속에서 면벽수행(고승들이 문을 걸어 잠근 후 벽을 보고 수행하는 것)을 하거나 좀처럼 집 밖으로 나오지 않는 고행을 자처하지 않는 이상, 우리는 하루에도 여러 사람들을 만난다. 하지만 당신은 그 사람들을 얼마나 알고 있는가? 그리고 그 사람들과의 관계를 지속하려고 얼마만큼 노력하는가?

회사에서 업무상 만나는 사람, 혹은 매체나 책을 통해 만나는 사람, 길을 지나다 스쳐가는 사람까지도 놓치지 않겠다는 마인드가 필요하다. 이제 스쳐간 인연도 당신의 사람으로 만들 수 있다는 자신감을 가져야 한다.

셋째, 거절당하는 것을 두려워 말라.

인맥을 넓혀갈 때 가장 부담스러운 것은 상대방으로부터 거절당하는 것이다. 인간관계는 상호간에 이루어지는 것이기 때문에 상대의 스케줄과 상황에 따라 언제든지 거절당할 수 있다. 아직 친밀하지 않은 단계에서는 거절당하고 나서 마음에 상처를 입을 수도 있을 것이다.

그러나 인맥의 달인이 되기 위해서는 상대방의 거절을 두려워해서는 안 된다. '열 번 찍어 안 넘어가는 나무는 없다'라는 속담은 남녀 관계에만 해당되는 것이 아니다. 꼭 필요한 사람이라면 꾸준히 적극적으로 다가갈 필요가 있다.

넷째, 타인의 방식을 존중하라.

"로마에 가면 로마법을 따르라"는 말이 있다. 어디서든 상황에 맞게 적응해야 한다는 뜻인 동시에 상대를 이해하고 존중해야 한다는 뜻이다.

사람들은 각자 자기 나름대로의 생활방식이 있다. 그러나 인맥을 넓혀가는 단계에서 다양한 사람을 접하다 보면 자기만의 방식을 주장하는 데는 한계가 있다. '나와 다른 것은 나쁘다'는 틀에 박힌 생각을 떨쳐 버려라. 나아가 타인의 사고방식을 충분히 이해하고 존중하도록 노력해야 한다. 서로의 방식을 이해할 수 있을 때 진정한 관계가 형성될 수 있다.

사내 인맥은 특별 관리 대상이다

인맥을 넓혀 나가기 위한 준비를 마쳤다면 가장 먼저 둘러봐야 할 주변이 회사다. 회사는 다른 성향을 지닌 다양한 사람들이 모여 있는 곳이다. 조직의 규모와 성격에 따라 그 범위는 다르지만 대부분 학교나 지역에서 만날 수 없었던 새로운 사람들을 만날 수 있는 곳이기도 하다. 게다가 사내에서의 인간관계는 사내의 중요한 정보와 업계의 정보를 파악할 수 있는 기초가 되고 나아가 이직이나 전직을 할 때 레퍼런스 체크(Reference Check, 경력자를 채용하려는 회사에서 이전 회사의 인간관계와 업무처리 능력을 파악하기 위해 전 동료나 상사에게 실시하는 평판) 대상자로 중요한 정보를 제공할 수 있기 때문에 반드시 관리해야 한다.

사내 인맥 관리의 기초 : 적을 만들지 말라

현재 직장을 구하고 있는 김소심 씨는 얼마 전까지만 해도 제약회사 PM(Product Manager)으로 근무하던 잘나가는 회사원이었다. 명문대 약학과를 우수한 성적으로 졸업한 수재로 대학종합병원에서 근무하다 현재의 회사에 스카우트되어 근무해 왔다.

그러던 어느 날 그는 더 좋은 근무조건으로 일할 수 있는 기회를 접하게 되었고 욕심을 내어 회사에 사표를 던지고 지원했다. 서류심사와 면접시험이 진행되는 동안 김소심 씨는 합격을 자신했다.

그런데 그의 예상과는 달리 결국 고배를 마시고 말았다. 결정적인 장애물은 바로 동료 PM이었다. 김소심 씨는 업무를 빠르고 정확하게 처리했지만 동료들 사이에서 항상 불편한 사람이었던 것이다. 그가 지원했던 회사에서는 동료, 상사, 부하 직원들과 융화할 수 있는 사람을 원했기 때문에 레퍼런스 체크를 했다. 이 과정에서 동료 PM은 소심 씨가 팀워크가 부족한 사람이라고 평가했고, 결국 회사에서는 그를 채용하지 않았다.

이와 같이 사내 인맥은 뜻하지 않았던 순간에 영향을 미칠 수가 있다. 흔히 회사에서는 업무 처리만 확실히 하면 된다는 생각을 가진 사람들이 있다. 물론 회사 생활에서는 성과가 중요하다. 그러나 위의 김소심 씨와 같이 동료들에게 환영받지 못하고 상사나 부하 직원과 커뮤니케이션이 부족한 사람은 결과적으로 회사에서도 불화를 만들거나 리더로서의 자격이 부족하다는 판단을 내릴 수 있다.

특별히 친한 사람을 만드는 것에 앞서, 적을 만들지 않는 것이 사내 인맥 관리의 기초라는 점을 잊어서는 안 될 것이다.

사내 인맥 관리의 제1전략 : 꼭 관리해야 할 사람이 있다

통신회사의 홍보팀에서 근무하는 최정리 대리는 프로젝트를 수행할 때마다 경제 주간지와 업계 정보지를 꼼꼼히 확인한다. 당면 과제와 시장 동향을 파악해야 하기 때문이다. 그리고 반드시 잊지 않는 것이 사내의 몇몇 정보통을 통해 경쟁사와 업계, 시장에 대한 소식을 확인하는 것이다. 최 대리는 이와 같은 사내 인맥이 일의 속도를 진척시키는 데 효과가 뛰어나다는 것을 알고 있다.

회사 생활이 프리랜서와 다른 점은 팀을 구성하여 체계화된 시스템 속에서 전략적으로 일할 수 있다는 것이다. 또한 같은 업무에 대해 관심을 가진 사람들이 모여 있다는 것이다. 따라서 회사 사람들의 정보를 모으면 스스로 해결하려고 오랜 시간을 투자하는 것보다 단시간에 시너지 효과를 발휘할 수 있다.

그렇다고 모든 사람들을 관리하는 것은 불가능하다. 이제 꼭 필요한 사람들을 전략적으로 관리할 필요가 있다. 입사 동기, 직속 부하와 상사, 인사부 직원, 사내 정보통, 리셉셔니스트 등은 필수 관리

대상이다. 또한 주요 정보통이라면 그가 이직한 후에도 반드시 연락을 취하라. 당신에게 경쟁사의 정보도 전해 줄 것이다.

이들과의 관계를 유지, 확장시키는 전략적인 방법은 3부에서 구체적으로 제시될 것이다.

사내 인맥 관리의 제2전략 : 사내 모임을 만들어라

많은 직장인들은 잠자는 시간을 제외하고 하루의 70% 이상을 회사에서 보낸다. 회사생활은 삶의 일부분을 넘어 자신의 꿈을 실현시킬 수 있는 공간이고 다양한 인간관계를 맺을 수 있는 터전이다. 이 터전에서 즐겁게 일하고 활력소를 만들어 나갈 수 있도록 도와주는 것이 바로 주변에 있는 동료들이다. 그들과 모임을 만들어 보자.

사내 모임은 업무와 직접 관련이 있는 스터디 그룹, 업무와는 직접적으로 관련이 없지만 취미생활을 즐길 수 있는 문화 관련 소모임, 체력 증진을 위한 정기적인 스포츠 모임 등이 있을 수 있다. 회사에 따라서는 사내 동호회와 스터디 모임을 적극적으로 지원하는 경우도 있으나, 이런 복지 혜택이 없는 경우에도 자발적으로 모임을 구성하고 활동해 나갈 필요가 있다.

사내 모임은 단순히 모임 자체에서 끝나는 것이 아니라, 모임 구성원들과의 인간관계를 증진시켜 그들의 인맥을 개인 인맥으로 확장시킬 수 있는 기회를 제공한다. 이때 모임에 사내 정보통, 인사관리자 등 반드시 관리해야 할 대상자들이 속해 있다면 금상첨화가 될 것이다.

사내 인맥 관리의 마무리 : 상대의 욕구를 채워줘라

우리에게 잘 알려진 경영 분야의 석학인 피터 드러커 교수는 "조직이 훌륭한 정신을 지니고 있는가에 대한 판정 기준은 '사람들이 사이좋게 지내고 있는가?'의 여부가 아니다. 겉모습만 좋은 인간관계는 결코 조직을 성장시킬 수 없다. 왜냐하면 조직의 실적달성에서 얻는 만족이나 또는 업무 관계의 적절한 조화에 기초하지 않는 좋은 인간관계란 단순히 겉치레일 뿐이기 때문이다."라고 했다.

회사는 업무 성과와 경쟁력을 갖추는 것이 우선되어야 한다. 피터 드러커 교수의 말처럼 친목을 위주로 한 맹목적인 인간관계에 기초하는 것은 의미가 없다. 자신의 능력을 충분히 발휘하여 상사와 부하, 동료뿐 아니라 궁극적으로 회사의 기대와 욕구를 채워줄 수 있을 때 사내 인간관계가 원활히 진행될 수 있다.

적을 만들지 않고 꼭 필요한 사람들을 관리해 나가고 사내 모임 활동을 해나가는 것도 업무를 더욱 효율적으로 수행하기 위한 방안 중의 일부라고 볼 수 있다. 그러므로 사내 인간관계에서 마지막으로 신경 써야 할 것은 관계가 너무 친분 위주로 흐르지 않도록 하는 것이다. 상사와 부하, 동료의 입장에 서서 업무적으로 요구하는 것들을 고려해 준다면 그들은 진정한 '당신의 사람'이 될 것이다.

사내 인맥 특별 관리 5계명

1. 상사나 부하, 동료는 나의 동지다.
2. 필수 관리 대상을 파악하라.
3. 사내 모임에 하나 이상 가입하라.
4. 맹목적인 인간관계는 의미가 없다.
5. 적을 만들지 말라.

내게 맞는 모임을 찾아라

인맥을 넓히기 위해 가장 많은 사람들이 선호하는 방법이 모임 활동이다. 다양한 성격의 모임을 통해 정보를 얻기도 하고 새로운 사람들을 만나기도 한다.

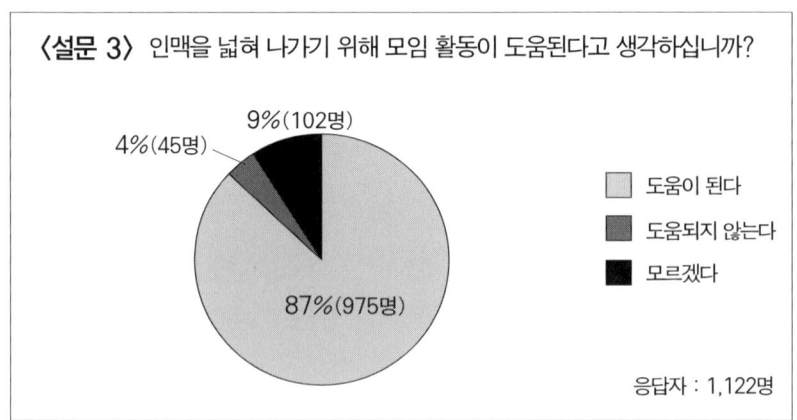
〈설문 3〉 인맥을 넓혀 나가기 위해 모임 활동이 도움된다고 생각하십니까?
도움이 된다 87%(975명), 도움되지 않는다 4%(45명), 모르겠다 9%(102명)
응답자: 1,122명

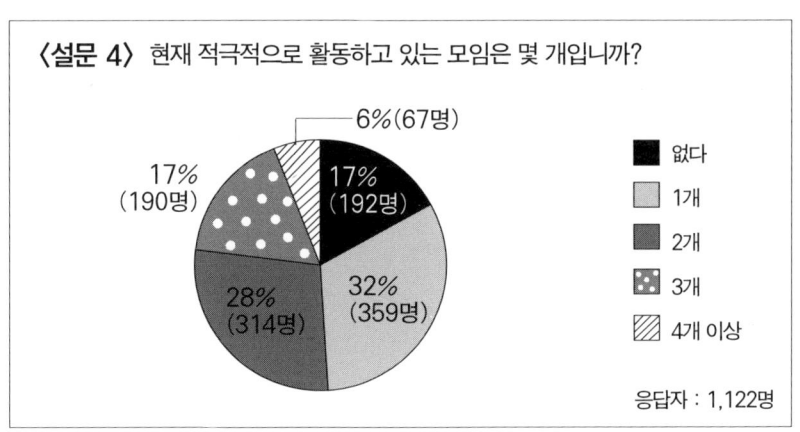

실제 직장인 1,122명을 대상으로 조사한 결과에 따르면, '인맥을 넓히기 위해 모임 활동이 도움된다고 생각하십니까?'라는 질문에 응답자의 87%(975명)가 '도움이 된다'고 답했다. 이처럼 많은 직장인들이 모임을 통해 갖게 되는 인맥에 지대한 관심을 기울이고 있다.

그렇다면 바쁜 일정을 쪼개어 활동할 만한 가치가 있는 모임을 찾기 위한 방법은 없을까? 이런 고민을 하고 있다면 우선 다음 몇 가지 질문을 살펴보자.

- 당신의 인생 목표, 혹은 직업상 목표는 무엇인가?
- 적성은 무엇인가?
- 반드시 필요한 정보는 무엇인가?
- 현재 활동하고 있는 모임의 성격은 어떠한가?
- 활용 가능한 시간은 어느 정도인가?

하나의 커뮤니티 활동을 하는데 인생 목표까지 생각해야 하냐고 반문할지 모르겠지만, 궁극적으로 자신의 인생 목표나 가치관과 모임의 성격이 부합할 때 장기적인 활동이 가능하다. 아무리 모임 안에 있는 구성원들이 훌륭할지라도 그 사람들과의 친밀도만을 중심으로 활동하는 데는 한계가 있다. 따라서 목표에 부합하는지, 자신의 적성에 맞는지를 판단하고 선택할 필요가 있다.

그리고 이미 활동하고 있는 모임과는 성격이 다른 모임에도 눈을 돌려보는 것이 좋다. 유사한 성격의 모임만 골라 다닌다면 역시 '끼리끼리' 문화를 타파할 수 없다. 자기가 경험해 보지 못한 분야의 사람을 만날 수 있는 기회로 이용해 보는 것도 가치 있다는 것을 기억하자.

일단 선택한 모임에서는 주도적으로 활동하는 것이 사람들과의 관계를 깊게 유지할 수 있는 최선의 방법이다. 아무리 좋은 모임이라도 정기적인 활동 시간이 자신의 스케줄과 맞지 않아 적극적으로 활동할 수 없다면 모임의 아웃사이더가 되는 것은 시간 문제다. 따라서 자신의 활용 가능한 시간을 반드시 확인해 보아야 한다.

그렇다면 어떠한 모임에 참여할 수 있을까?

최근에는 인터넷 문화가 일반화되고 '인맥 만들기'를 모토로 하는 커뮤니티가 확산되면서 인터넷 커뮤니티가 주도적인 활동을 하고 있다.

하지만 무작정 인터넷 검색을 통해 커뮤니티에 가입하는 것이 두렵다면 믿을 수 있는 사람의 추천을 받아보자. 스스로 모임을 찾아나서는 것에 비해 시행착오를 줄이면서 활동성 있는 모임에 가입할 수 있는 가능성이 크다. 의외로 당신의 상사나 동료, 주변의 친구나 선후배 등은 알짜배기 모임에서 활동하고 있는 경우가 많다. 당신이 관심을 갖지 않았기 때문에 모르고 있을 뿐이다.

한편 언론매체도 자신에게 맞는 모임을 발견하는 데 중요한 정보원이 된다. 정기적이지는 않지만《경향신문》의〈36.5도의 세상〉,《국민일보》의〈이런 사람 저런 모임〉,《대한매일》의〈동호회 탐방〉,《세계일보》의〈레저〉등의 지면을 통해 좋은 모임들이 소개되곤 한다. 한편《중앙일보》에서는 매주 월요일 경제면의〈이색동호회〉를 통해 사내 동호회를 소개하고 있으며, 다른 일간지에서도 모임과 관련된 기사들이 종종 등장한다.

언론에서 소개된 모임은 이미 공인된 경우가 많아 규모나 활동면에서 안정되어 있을 가능성이 높다. 기사를 통해 관심을 갖게 된 모임이 있다면 먼저 인터넷을 검색해 보자.

관련기사나 해당 모임의 홈페이지가 있는지 확인하여 정보를 얻을 수 있다. 최근에는 대부분의 모임들이 자체 홈페이지를 갖고 있는 경우가 많기 때문에 쉽게 찾을 수 있다. 하지만 기사도 한정되어 있고 인터넷 검색을 통해서도 정보를 얻지 못했다면 담당 기자와 통화를 시도하거나 기사 중 언급되어 있는 모임의 관련자에게 연락해 볼 수 있을 것이다.

단, 이렇게 언론에 소개된 모임은 규모가 커서 적응하기 힘들거나 기사가 과장된 경우가 있으므로 한두 번 가볍게 참가한 후 앞으로의 활동 가능성을 파악해 볼 필요가 있다.

이런 방법들을 통해 모임을 선택했다면 적극적인 활동을 보여주어야 한다. 이전에 무관했던 사람들끼리 만난 자리에서 자신을 확실하게 알려 많은 사람들과 커뮤니케이션할 수 있는 기회를 갖는 것이 중요하다.

이때 반드시 주의할 점은 모임에서 사람들과의 관계에만 초점을 두어서는 곤란하다는 것이다. 장기적인 활동은 모임의 근본적인 성격에 부합하는 정보를 주고받을 수 있을 때 가능하다는 점을 잊어서는 안 된다. 또한 상대방을 인맥 확장의 수단으로만 인식한다면 상대는 자연스럽게 당신을 경계하게 되고 마음을 열지 않을 수도 있으므로 모임의 구성원들과 진실한 관계를 맺어야 한다는 사실을 염두에 두어야 할 것이다.

영향력 있는 사람을 찜하라

자신이 갖고 있는 인간관계를 가치 있는 인맥으로 확장시키기 위해서는 영향력을 가진 사람과의 관계를 특화시킬 필요가 있다. '사람을 사귀는 데 귀천이 없다', '사람이 셋만 모이면 스승이 있다'는 말이 있을 정도로 누구나 소중한 사람이라는 점은 인정하지만 우리가 가진 한정된 시간과 공간 속에서 남보다 경쟁력을 갖추기 위해서는 재치를 발휘해야 할 때가 있다.

수천 명이 함께 근무하는 회사에 다니고 하루에 100장씩 명함을 나누어 주는 사람이라 하더라도 정작 필요한 시기에 쉽게 도움을 청할 수 있는 사람은 그리 많지 않을 것이다.

결국 모든 사람에게 동등하게 주어진 시간과 비용을 효과적으로 활용하기 위해서는 가장 가까우면서도 핵심적인 일부터 시작해야 한다. 바로 인맥에서도 영향력 있는 사람과의 관계에 더욱 주력해야 하는 이유가 여기에 있다.

그렇다면 영향력 있는 사람은 어떤 사람인가? 같은 회사에서 근무하는 오지오 대리와 김성호 실장을 예로 살펴보도록 하자.

오 대리 : 사외 활동에 활발, 타인에 대해 뛰어난 관찰력을 지니고 있음

직장 생활 5년째인 오지오 대리의 별명은 '백과사전'이다. 어떠한 주제가 나오더라도 능수능란하게 대답하는 재주를 지니고 있기에 주위 사람들이 붙여준 별명이다. 오 대리의 박학다식함은 정기적으로 접하는 신문과 잡지 등을 통해 축적되기도 했으나, 결정적으로 다양한 단체 활동을 통해 얻은 정보망 덕분이다.

전공 외 활동이 입사에 도움이 된다는 선배들의 충고에 따라 대학 시절부터 자신의 특기를 살린 동아리 활동에 열심이었던 오 대리는 바쁜 사회생활 중에도 퇴근 후 다양한 그룹 활동을 통해 자신의 전문 분야가 아닌 분야에도 정보망을 확보하고 있다. 또한 동료들이 원하는 바를 정확히 찾아내어 반응해 주고, 종종 사람들의 상담역을 자처하기도 한다.

김 실장 : 눈치가 빠르고 사회적 지위나 경제력을 중시함

올해로 12년차 경력을 지닌 김성호 실장은 다른 사람을 추켜세우는 데 일가견이 있다. 특히 사회적 지위가 높거나 자기보다 위에 있는 사람일 경우에는 지나치게 경어를 사용하고 극단적으로 상대에게 동조하느라 바쁘다. 반면 부하 직원들과는 대화조차 하기를 꺼린다.

업무 성과는 그리 나쁘지 않지만 과연 자기 생각이 있는 사람인지, 상대의 지위나 경제력에 치중하여 평가하는 것은 아닌지 의심스러울 때가 종종 있다. 게다가 매일 야근으로 늦게까지 자리를 지키고 있어서 기획실 내 직원들은 사외활동을 하기도 힘들다.

오 대리와 김 실장 중 당신은 누구를 택하겠는가?

김 실장은 잦은 야근으로 회사에 충성심을 보여주고 상사와의 관계에서 아첨도 능하기 때문에 당신의 승진을 보장해 줄 수 있다. 반면 오 대리는 아직 경력도 적고 다양한 자기 활동이 많아 퇴근 후 함께 보낼 수 있는 시간도 많지 않을 것이다.

하지만 당신이 선택해야 할 영향력 있는 사람은 오 대리다. 김 실장의 경우는 짧은 시간 안에 당신에게 장밋빛 미래를 보여줄 수 있을지도 모른다. 하지만 사람에 대한 충분한 이해 없이 타인의 권위와 계급적인 부분에 눈이 가려져 있고 회사 외에 다른 정보에 둔감하기 때문에 경쟁력이 떨어져 결국 회사 내에서 힘을 잃을 수 있다. 그에 반해 오 대리는 다양한 배려와 다른 사람에 대한 사려가 깊기 때문에 당신이 필요할 때 원하는 정보를 줄 수 있고 사람을 소개해 줄 수도 있다.

이렇듯 영향력 있는 사람은 계급이 높거나 명망 있는 지위를 가진 사람이 아니다. 당신이 신뢰할 수 있으며 미래에 발휘할 수 있는 잠재력을 지닌 사람이다.

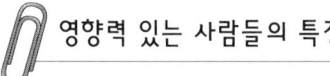
영향력 있는 사람들의 특징

1. 여러 분야에 폭넓은 지식을 갖고 있다.
2. 타인을 배려할 줄 안다.
3. 다양한 동아리 활동을 하고 있다.
4. 평범해 보이지만 통찰력을 지니고 있다.

영향력 있는 사람과 관계를 만들어 가면서 얻을 수 있는 또 하나의 놀라운 선물이 있다. 그것은 다양한 지식과 통찰력을 지니고 있는 사람을 찾아내는 것과 상대방을 배려하기 위해 노력하는 과정에서 당신도 이미 영향력 있는 사람이 되고 있다는 사실이다.

최고의 리더를 내 편으로 끌어들이는 3가지 핵심 키워드

인간관계를 확장시키고자 마음먹었다면 특히 뛰어난 리더와의 관계를 만들어 나가는 것이 중요하다. 만약 당신이 20대라면 '리더'라는 단어에 주춤할 수도 있다. 그러나 큰 목표를 향해 가는 당신이라면 나이는 크게 상관할 바가 안 된다.

첫 번째 키워드 : 도전

최고의 리더와 만난다는 것이 20~30대 청년들에게 쉬운 일은 아니다. 회사의 최고경영자와 만난다는 것, 정계 혹은 재계의 리더와 만난다는 것은 특수한 직업이 아니고서는 매우 어렵다. 하지만 젊을 때 경험한 리더와의 만남은 앞으로의 삶에 큰 그림을 제시해 주고 방향성을 찾아줄 수 있는 소중한 기회가 될 수 있다.

다른 사람이 만들어주기를 기다리지 말고 스스로 도전하라. 2년 전 하버드대에서 수학한 재미교포 출신의 로버트 김은 뉴스와 출판물을 통해 알게 된 각 리더들에게 메일을 보내거나 전화를 하고 직접 찾아다닌 것으로 유명해졌다. 실제로 그에게 메일을 받고 국내에 찾아온 그를 직접 만난 성주인터내셔널의 김성주 대표는 로버트 김의 야망과 도전정신에 감동했다고 한다. 그 노력으로 해외에서 학교를 다니면서 동아일보에 만화를 연재하고 매스컴에 등장하는 기회를 갖기도 했다.

아직까지 리더를 만나는 것이 두렵다면 다음의 실천법을 따라해 보자.

 자신 있게 리더를 만날 수 있는 4단계 노하우

1. 만날 리더를 정하라.
각 분야에서 대표적으로 활동하고 있는 최고의 리더는 매스컴과 친숙하다. 뉴스를 통해 자주 소개되며 저서도 출간되어 있는 경우가 많다. 이 중 관심 있는 리더를 선정하라.

2. 리더를 연구하라.
상대방과 대면하기 위해서는 그를 알아야 자신 있게 대할 수 있다. 뉴스를 접한 경우에는 관련 기사를 스크랩하고 그 리더가 쓴 책이 있는 경우에는 꼭 읽어보라.

3. 리더에게 접근하라.
최근 가장 쉽게 이용할 수 있는 수단은 이메일이다. 아무리 바쁜 리더라 하더라도 이메일은 매일 확인한다. 자신이 연구한 부분에 대해 언급하면서 이메일을 보내라.

4. 리더를 방문하라.
최고의 위치에 있는 리더는 항상 바쁘게 마련이다. 하지만 방문하는 사람을 무조건 거절하지는 않는다. 접근하는 단계에서 만나고 싶다는 의사를 표시하고 직접 방문해 보라. 리더 또한 당신의 용기에 감동할 것이다.

두 번째 키워드 : 창의

기업의 CEO뿐 아니라, 문화계·언론계 등 자신이 관심을 갖고 있는 분야의 리더에게 접근한 후에는 당신을 최고의 리더에게 각인시킬 필요가 있다. '그저 유명인 얼굴 한번 보자'가 아니라, 리더와 대화하고 그의 뇌리에 나를 심어주겠다는 각오를 가지고 있어야 한다.

물론 처음에는 리더에 대해 당신이 느낀 점, 만나고 싶었던 이유, 존경하고 감사하는 마음을 충분히 표현해야 한다. 리더 또한 자신에 대해 연구하고 존경하는 마음을 과감하게 표현하는 당신에게 호감을 가질 것이다.

그러고 나서 자신에 대해 적극적으로 PR할 필요가 있다. 하루에도 수많은 사람을 만나는 리더들이 당신을 잊어버리는 것은 시간 문제다. 조금이라도 당신을 기억할 수 있도록 강렬한 인상을 남길 필요가 있다. 이때 바로 당신이 평소에 구축해 둔 자기만의 브랜드가 힘을 발휘할 수 있다.

더 나아가 리더에게 당신이 도움이 될 수 있음을 부각시켜야 한다. 이때 리더와 관련된 최근의 동향에 대한 평가나 그가 필요로 할 만한 새로운 아이디어를 제시해 보자. 아마도 그는 '어! 이 사람이' 하는 생각에 상당히 긍정적인 시각으로 당신을 바라보게 될 것이다.

세 번째 키워드 : 끈기

웬만해서는 리더가 먼저 당신에게 연락하는 일은 드물다. 때때로 당신이 연락했는데도 즉각적인 반응이 오지 않을 때도 있을 것이다. 하지만 리더는 평소 당신 주변의 그 어떤 인맥보다 강한 힘을 발휘할 수 있는 능력을 가진 사람이라는 것을 잊어서는 안 된다.

많은 사람들이 처음에 몇 차례 시도하다 반응이 없으면 중도에 포기하는 경우가 많다. 이럴 때 인내심과 끈기를 발휘하면 성공에 다다를 수 있다.

당신이 리더에게 접근할 때의 그 도전정신으로 꾸준히 연락해 보자. 리더는 많은 사람을 만나고 바쁘기 때문에 당신의 존재를 종종 잊어버릴 수 있지만 당신의 노력을 거부하지는 않을 것이다.

잡지사에 근무하는 노진출 기자는 자신이 특별히 관리하는 리더의 리스트를 작성하여 정기적으로 이메일을 보내거나 전화 연락을 한다. 최근 이슈와 연관되어 있거나 저서가 출판되었을 때, 혹은 매스컴에 등장했을 때 인사를 아끼지 않는다. 이런 꾸준한 연락 덕분에 그는 각 분야의 리더들을 인터뷰하거나 정보를 얻을 때 실질적인 도움을 받는다고 한다.

자신의 인맥에 권위 있는 리더가 포함되어 있다는 것은 소중한 재산이다. 하지만 이러한 리더를 만나는 일은 우연을 기대해서는 안 된다. 반드시 적극적인 도전정신으로 상대방에게 먼저 접근하고 자신의 브랜드를 확실히 리더에게 각인시킨 후, 끈기 있게 연락을 지속하려는 노력이 필요하다.

이러한 노력이 쉬운 일은 아니다. 하지만 이와 같은 시도는 당신의 시야와 인간관계를 비약적으로 확대시킬 수 있는 기회가 될 것이다.

공적인 관계를 개인적 인맥으로 진화시키는 4가지 방법

"진정한 인맥의 달인은 옷깃만 스친 사람도 내 사람으로 만들 수 있다."

쇼핑몰에서 상품 기획을 담당하고 있는 나기호 씨는 유난히 사람들을 만날 일이 많다. 쇼핑몰에 입점하는 상품 담당자들과 수시로 만나고 제휴를 맺는 것이 주된 업무이기 때문이다. 처음에는 이러한 업무 성격 때문에 많은 사람들을 만나는 것에 스트레스를 많이 받았다. 그러나 우연히 의류업체 담당자와의 저녁식사를 통해 친분을 맺게 되면서 업무상 만난 관계라 하더라도 때로는 친구관계가 될 수 있다는 것을 깨달았다. 그 후로 '사람들을 많이 만나는 기회를 응용해 보자'는 결심을 하게 되었고, 다음과 같은 4가지 실천방안을 정하였다.

 나기호 씨의 노하우

1. 업무상 만날 때에도 가급적 식사를 함께한다.
2. 업무적인 부분을 중점적으로 논의하되, 취미나 스포츠와 관련된 이야기를 끌어낸다.
3. 이메일을 이용해 업무상 직접적인 관계가 없는 시기에도 꾸준히 접촉한다.

4. 함께 가벼운 레저를 즐긴다.

　나기호 씨처럼 회사의 업무적인 일로 알게 된 사람을 사적인 네트워크로 끌어들일 수 있다면 인맥을 한층 업그레이드할 수 있을 뿐 아니라, 업무상 문제가 생긴 경우에도 유연하게 처리해 나갈 수 있다.
　극단적으로 업무상 관계에만 그칠 경우, 해당 업무가 끝나거나 회사를 옮기게 되면 순식간에 관계가 끊어져 버린다. 또한 회사간에 불화가 생겼을 경우에는 적대적인 감정이 생길 수도 있다. 업무상의 인맥을 개인 네트워크로 승화시키면 이러한 걱정도 덜 수 있다.
　단, 업무상 만난 모든 사람을 관리할 수는 없으며, 관리할 필요도 없다. 모든 인간관계가 그러하듯, 업무상 만난 사람 중에서도 인간적인 매력을 느끼지 못하는 사람들과의 관계에서는 한계가 있을 수밖에 없다. 따라서 우선적으로 놓치지 말아야 할 사람을 검토해야 한다.

- 업무상 중대한 관련이 있는가?
- 인간적인 매력을 느끼고 있는가?
- 핵심적인 위치에 있는 사람인가?
- 풍부한 인맥을 가진 사람인가?

　만일 위의 질문에 2가지 이상 '네'라고 답할 수 있는 사람이라면 놓치지 않는 것이 좋다. 그렇다면 본격적으로 '나기호 씨의 노하우'를 구체적으로 살펴보자.
　첫째, 함께 식사하기.

가급적 업무상 만날 때도 점심시간을 이용하는 것이 좋다. 프레젠테이션이 있거나 업무상 중요한 일이 있을 때는 회사에서 만나는 것이 필수적이지만, 이후 비교적 가벼운 일로 만날 경우에는 식사를 하면서 대화할 수 있는 공간과 시간을 만드는 것이 필요하다. 저녁시간은 사생활과 관련해 부담이 될 수도 있지만 점심시간이라면 부담 없이 즐길 수 있다.

둘째, 취미나 스포츠에 대해 말하기.

업무상 필요한 정보를 나누는 것은 좋지만, 좀더 친밀한 관계로 발전하기 위해서는 가족관계나 취미 같은 개인적인 부분들로 대화 주제를 좁혀가는 것이 좋다. 취미생활을 공유하면 이후 함께 시간을 보낼 때도 유용하게 쓸 수 있다.

셋째, 업무와 관련이 없을 때라도 틈틈이 연락하기.

업무상 특별한 이유가 없더라도 이메일을 보내자. 최근에는 유머를 제공하기 위해 만들어진 플래시 카드나 의미 있는 글귀를 적은 이메일 카드들이 많다. 자신의 개인 주소록에 넣어두고 친구들과 이런 이메일을 주고받을 때 함께 보내는 것도 좋다. 특별한 메시지를 적어야 하는 부담감이 없기 때문에 편리할 뿐더러 이메일이나 문자메시지에 익숙해지면 친밀도도 높아진다.

넷째, 함께 레저 즐기기.

퇴근 후에 자연스럽게 만날 기회를 만든다. 이미 취미와 스포츠에 대해 언급했기 때문에 이를 핑계로 해도 좋다. 좀더 체계화하고 싶다면 레저 모임을 만들어 보는 것도 효과적이다.

단, 공적인 사람을 사적 네트워크로 끌어들일 때는 지나치게 성급

하거나 개인적인 인맥으로만 흐르지 않도록 절제가 필요하다. 무리하게 스케줄을 잡거나 부담스럽게 접근하는 것은 오히려 업무에 치명타가 될 수도 있으니, 반드시 상호간에 주고받는 관계를 원하는지 판단하고 적절한 타이밍을 맞추는 것이 중요하다.

징검다리를 찾아라

인맥을 확장시키는 데 있어 빼놓을 수 없는 것이 바로 징검다리를 이용하는 것이다. 아무리 작은 냇가라 하더라도 징검다리가 없으면 신발을 벗고 바지를 걷어 물의 깊이를 살핀 후 그제서야 건널 수 있다. 그러나 이 냇가에 징검다리가 있다면 편리하고 신속하게 목적지에 도착할 수 있다.

인간관계에서도 마찬가지다. 직업을 구할 때 헤드헌터가, 결혼을 할 때 중매쟁이가, 집을 구할 때 공인중개사가 있는 것도 중개자의 역할이 중요하다는 것을 대변한다. 사람을 소개받고 소개하는 데 익숙한 사람이 인맥이 넓다. 자기가 알고 있는 사람이 많다고 하더라도 혼자 인맥을 개척하는 데는 한계가 있기 때문에 중개자를 이용하면 시너지 효과를 기대할 수 있다.

인간관계에서의 징검다리는 누구든 될 수 있다. 주변에 있는 가족, 친구, 동료, 선후배, 경쟁사의 직원, 리더 등 자기가 갖고 있는 인맥을 징검다리로 활용할 수 있는 방안들을 알아보자.

우선 징검다리를 효과적으로 활용하기 위해서는 주변 사람에게 정성과 노력을 기울여야 한다. 인맥은 하루아침에 만들어지는 것이 아니다. 자신이 필요한 때 타인을 소개받거나 도움이 되는 정보를 가진 사람을 추천 받기 위해서는 평소에 상대에게 이득을 제공하는 것이 좋다. 자신이 베풀 수 있을 때 먼저 정보를 제공해 주도록 하자.

징검다리로 역할을 잘해 줄 수 있는 사람은 주변에 정보망을 많이 갖추고 있는 사람이다. 하지만 인맥이 넓은 마당발형만 챙겨서는 안 된다. 인맥이 넓지는 않더라도 꼭 필요한 사람과 깊은 인간관계를 유지하고 있는 사람은 많다. 따라서 징검다리를 찾을 때 반드시 검토해야 할 점은 다음과 같다.

- 상대방의 주요 인맥은 어떤 성격을 갖고 있는가?
- ◗ 상대방이 IT 엔지니어라면 그의 주변에는 IT 관련분야의 사람이 많을 것이다.
- 상대방이 다른 사람에게 어떠한 평가를 받고 있는가?
- ◗ 만일 그가 좋지 못한 평가를 받고 있는 사람이라면 그가 소개한 사람들과의 관계에서 오해가 생기거나 구설수에 오를 수 있으므로 반드시 주의해야 한다.
- 그 사람이 갖고 있는 인맥의 넓이와 깊이는 어느 정도인가?

이러한 점들을 파악한 후에는 상대의 인맥과 대면할 수 있는 기회를 만들어야 한다. 우선 평소에 당신의 관심사를 주변 사람들에게 알리고 때때로 도움을 요청해 보자.

"요즘 우리 회사에서 인터넷 포털 회사와 제휴를 맺으려고 하는데 혹시 소개해 줄 만한 사람 있어?"

다른 사람에게 말하는 것이 부끄러워서, 혹은 '에이, 뭐 이런 걸……' 이라는 생각에 당신 혼자 고민한 적은 없는가? 이런 두려움을 떨치고 과감하게 주변 사람에게 자신이 가진 정보를 알리고, 또 필요한 부분을 말할 때, 상대방도 도움을 줄 수 있다. "아, 내가 아는 사람 중에……"라고 말이다.

또한 이메일을 보낼 때 참조(cc)를 이용함으로써 징검다리의 인맥을 활용할 수 있다. 정보통신회사에서 IT 엔지니어로 근무하는 김창희 과장은 최근 이직할 때 친구의 도움을 받았다. 평소 IT 기술영업으로 인맥을 탄탄히 쌓아놓은 친구에게 자신의 처지를 알리고, 혹시 알고 있는 사람은 없는지 물어보았다. 마침 친구는 그를 추천해 줄 곳이 몇 군데 있다고 했고, 김 과장은 그들에게 메일을 보낼 때 참조로 자신을 넣어달라고 부탁했다. 김 과장은 참조로 받은 이메일 주소를 통해 다시 한번 자신을 PR할 수 있는 기회를 얻었다.

이처럼 상대의 인맥과 자연스럽게 만날 수 있는 기회를 만들기 위해서는 평소 자신의 전문성을 PR하고 필요한 인맥에 대해 언급해 주는 것이 좋다. 말하지 않고도 상대가 모든 것을 알아주길 바라는 것은 무리다. 대화 속에서 자기 관심을 알리면 우연한 기회에 상대로부터 사람을 소개받을 수도 있고 상대가 활동하는 모임에 함께 참여할 수도 있다. 그런 후에는 본인의 적극적인 노력 여하에 따라 성패가 좌우될 것이다.

네 틀을 벗어라 : 우연과 일탈 대작전

인맥이 탄탄한 사람이 가진 최고의 능력은 우연 속에서도 필연을 찾아내는 것이라고 할 수 있다. 그냥 스쳐 지나가는 인연을 인맥으로 만드는 힘, 그것은 융통성을 가지고 있을 때만 발휘할 수 있다. 자신이 정해 둔 기준이 있다면 잠시 접어두자. 강한 기준과 원칙은 자칫 삶을 속박할 수 있다. 일상에서 벗어나 새로운 시각으로 세상을 바라보도록 의도적으로 노력해 보자.

첫 번째 제안 : 여행을 떠나라
의류회사에서 디자이너로 근무하는 송보람 씨는 작년 겨울, 해외여행 중 우연히 만난 미국인 친구로부터 해외 소식을 직접 전해 듣곤 한다. 마치 미국 특파원을 둔 것처럼 필요한 정보를 쏙쏙 받을 수 있어 회사 내에서 '해외 정보통'이라는 별명까지 얻었다. 외국계 회사 재무팀에서 근무하는 박용식 씨도 지방 출장 중에 만나게 된 지사 직원과 친분을 맺은 후 지방 여행지를 소개받기도 하고 지사 소식도 종종 전해 듣는다.

이처럼 여행은 단순한 일상에서 벗어나 새로운 환경을 통해 시야를 넓힐 수 있을 뿐 아니라, 주변에서 만날 수 없었던 새로운 사람을 만나고 사귈 수 있는 좋은 기회다. 주5일 근무를 하는 회사가 늘어난 요즘, 주말을 이용해 여행을 다녀올 수 있는 여유도 훨씬 늘어났다. 가능하다면 두 달에 한 번은 교외로, 1년에 한 번은 반드시 해외로 나갈 것을 권하고 싶다. 비용이 넉넉하지 않다면 당일치기 여행도 좋다.

많은 사람들이 "여행을 가고 싶은데……", "한번 떠나야 하는데……"라는 말만 하고 행동으로 옮기지 못하는 것은 정해진 일상에서 벗어나길 두려워하기 때문이다. 두려운 마음을 버려라. 그리고 여행하는 중에 사람들을 관찰하고 만나서 대화해 보자. 짧은 시간 만났기 때문에 어색할 수도 있으나, 그 어색함을 극복할 수만 있다면 여행지에서 만난 사람은 이미 그곳에서 같이 공유할 수 있는 추억을 가졌기 때문에 훨씬 효과적인 인맥 관리가 가능하다.

이번 주말이라도 훌쩍 여행을 떠나보자. 그리고 삶을 잠시 벗어난 여유, 그 속에서 우연히 만난 사람을 인맥으로 끌어들이는 것은 삶의 활력소를 불어넣어 줄 것이다.

두 번째 제안 : 낮과 밤을 바꾸라

네덜란드 암스테르담의 낮과 밤을 보았는가? 아침부터 낮까지는 높은 호텔들과 주요한 관광 요소들로 깔끔한 거리, 하지만 밤이 되면 역 앞을 지나기도 두려울 정도로 성(性) 상품이 즐비한 환락가가 된다.

우리나라도 마찬가지다. 신촌이나 압구정 거리는 한산하던 낮과는 달리, 밤이면 온갖 네온사인들로 화려해지고 젊은이들로 가득 찬다. 반대로 밤에 한산하고 낮에 활기를 띠는 거리들도 있다.

평소에 만나던 사람들과 다른 사람을 만나 인맥을 넓히려면 자신의 일상을 바꾸어 볼 필요도 있다. 낮에 주로 활동하던 거리를 밤에, 밤에 주로 활동하던 거리를 낮에 찾아가 보자. 색다른 느낌을 받을 수 있을 뿐 아니라, 새로운 사람을 만날 수 있는 기회를 잡을 수도 있다.

찜질방이나 나이트클럽 등 사람들 입에 자주 오르내리는 곳은 한 번씩 들러보는 것도 좋다. 이러한 경험은 현장에서 새로운 사람을 만나는 것을 넘어 사람들이 관심을 갖고 있는 흥미로운 주제를 직접 경험해 봄으로써 대화 주제를 풍부하게 하고 사람들과의 관계를 원활하게 만든다는 데 장점이 있다.

세 번째 제안 : 다른 사람의 모임에 따라가 보라

나와 활동분야가 다른 사람들의 모임에 한 번쯤 따라가보는 것도 좋다. 물론 당신이 그 모임에서 활동할 가능성은 거의 없다. 하지만 평소에 관심이 없었던 분야의 사람을 만날 수 있다. 이렇게 우연히 참석한 한 번의 모임에서도 스쳐 지나려는 인연을 잡으려고 시도해 보자. 이때 앞으로 관리할 사람은 1~2명으로도 충분하다.

[Interview 3]

인맥은 사회생활의 윤활유

권오규(한국 마이크로소프트 이사)

"직장에서 일을 해나가는 주체는 사람입니다. 평소에 인맥 관리에 신경을 쓴다면, 어떤 일이든 상대적으로 원활히 처리할 수 있죠."

한국 마이크로소프트사의 라이센싱 사업부를 책임지고 있는 권오규 이사는 인맥을 '사회생활의 윤활유'라고 표현한다. 그렇다면 업무 특성상 회사 내부는 물론, 외부에 있는 다양한 사람들과 접촉해야 하는 일이 많은 그가 밝히는 직장인을 위한 인맥 관리의 노하우는 무엇일까?

첫째, 사람을 만날 때 다정한 벗을 만든다는 마음을 가진다.

"직장인에게 필요한 '인맥'이라고 하면 자칫 계산적이고 건조한 관계를 떠올리기 쉽습니다. 하지만 어떤 관계든지 부담을 느낄 필요는 없습니다. 정년 퇴직 후에도 지속적으로 만날 수 있는 다정한 벗을 만든다는 생각으로 사람들을 만나십시오."

직장생활 중에 만나는 사람이라고 해서 반드시 공적인 관계에 머무를 필요는 없다. 사람이 사람을 만난다는 사실만 기억하면 된다. 계산적인 마음가짐을 버리고 다정한 벗을 만든다는 마음으로 순수하게 사람을 대하는 것이 첫 번째 노하우다.

둘째, 선입견을 버리고 서로를 이해하도록 노력한다.

권오규 이사는 직장인이 반드시 인맥 관리를 해야 하는 이유 중 하나가 커뮤니케이션의 오류를 예방할 수 있기 때문이라고 한다.

"사람을 처음 만날 때는 선입견이나 편견이 있게 마련입니다. 몇 차례 만나고 서로를 이해하게 되면서 업무적으로나 개인적으로 서로 잘못 알고 있는 부분을 바로잡을 수 있죠."

이렇게 선입견을 버리고 서로를 이해하면 제한된 시간 내에서 의사소통으로 발생할 수 있는 오해를 최소화할 수 있다. 문제를 일으키기 전에 예방할 수 있는 것, 이것도 인맥이 갖고 있는 힘이다.

셋째, 인맥에 대한 섣부른 기대는 경계한다.

"어려운 일에 처했을 때 활용하기 위해 인맥을 관리한다는 생각은 버리십시오. 그 자체로 문제와 오해의 소지가 많을 것입니다."

아무리 좋은 관계라도 개인의 이익을 위해 활용하려는 지나친 기대는 하지 않는 것이 좋다. 권 이사는 잘못된 기대로 좋은 사람을 놓치는 실수를 범하지 말라고 충고한다.

넷째, 공과 사는 반드시 구분한다.

직장생활을 하다 보면 공적인 사람을 개인적인 친분으로 발전시키는 경우가 많다. 사회에서 만났지만 다양한 취미생활을 공유하기도 하고, 가족을 집으로 초청하기도 한다. 그는 이렇게 호형호제하는 사이로 관계가 진전했다 하더라도 이를 유지하기 위해서는 공과 사를 철저히 구분해야 한다고 말한다.

이러한 사례로 권 이사는 한 거래처 사장님과 있었던 일을 회상했다. 그가 2년 전 사내 행사 준비를 위해 몇 가지 인쇄물을 만들 때였다. 거래처 직원의 실수로 약간 하자가 있는 물건을 납품받았던 그는 평소 잘 알고 지내던 사장에게 어떻게 이야기할지 고민하고 있었다. 그때 거래처 사장님은 이 사실을 알아차리고 인쇄물을 자진 수거해 갔고 하루만에 다시 인쇄하여 정상적으로 납품해 주었다.

"사실 그냥 눈감고 넘어갈 수 있는 아주 사소한 실수였지요. 그렇지만 거래처에서는 손해를 감수하고 다시 인쇄해 주었습니다. 아마도 그렇게 처리되지 않았더라면, 15년간의 거래에 금이 생겼을지도 모르죠. 하지만 사장님의 분명한 일처리 덕분에 신뢰는 더욱 두터워졌습니다."

권 이사는 개인적인 친분을 이용해 지나치려 하지 않고 공과 사를 명확히 구분한 거래처 사장님의 사례를 교훈으로 삼고 있다.

이와 같이 벗을 만든다는 마음가짐으로 사람들을 대하고, 개인적인 코드가 맞아 친분이 생겼다 하더라도 공과 사를 구분할 줄 아는 자세를 갖추는 것은 오늘날 직장인이 반드시 갖추어야 할 인맥 관리의 지침이 아닐까.

권오규 이사는 중앙대 전자계산학과를 졸업하고, 호주의 뉴 사우스 웨일즈 대학원에서 정보과학 과정을 수료하였다. 아시아 자동차, 삼성 SDS를 거쳐 현재는 한국 마이크로소프트 라이센싱 사업부를 맡고 있으며, 대외적으로는 아름다운재단 전문위원, BIAC Korea 위원으로도 활동하고 있다.

6장 인맥 쌓기 Ⅲ. 영원한 내 사람을 만드는 관리법

인맥은 넓히는 것보다 관리하는 것이 중요하다

시간과 정성을 투자하여 인맥을 만들었다면, 그것을 장기적으로 유지하고 발전시켜 나가는 것이 중요하다. 직장을 옮기거나 이사를 가면 바뀌는 인간관계는 진정한 의미에서 인맥이라 하기 어렵다.

우리는 이미 '인맥의 유형'을 통해 관리가 철저하지 못한 그물형과 점형이 자신들이 필요로 할 때 나타나 줄 구원 투수를 찾지 못해 방황하는 것을 알 수 있었다. 관리가 소홀하면 확장 단계에서 쌓은 노력은 수포로 돌아갈 확률이 높다.

그렇다면 인맥은 어떻게 관리해야 할까? 자주 이메일을 보내거나 전화하는 것만 떠올리고 있지는 않은가? 혹은 시간이 없다고 불평하고 있지는 않은가?

이러한 당신을 위해 체계적인 인맥 정리부터 인맥 관리 정보 시스템의 이용 방법 및 업무나 여가를 통한 효과적인 방안 등을 구체적으로 살펴보게 될 것이다. 실전에 들어가기에 앞서 전략적인 인맥 관리를 실천하기 위한 기본 수칙을 살펴보도록 하자.

첫째, 철두철미하게 시간을 관리해야 한다. 인맥을 관리할 때 시간 활용이 서툴면 은근히 부담스럽고 시간을 낭비하기 십상이다. 이를 미연에 방지하기 위해서는 시간을 효율적으로 활용할 수 있는 자기만의 노하우를 갖는 것이 중요하다.

인맥 관리 차원에서 가장 초점을 두어야 할 점은 자투리 시간을 잘 활용해야 한다는 것이다. 상대방에게 반드시 정해진 시간에 전화를 하거나 메일을 보낼 필요는 없다. 업무 중 휴식시간이나 이동할 때 생기는 어중간한 빈 시간들을 틈틈이 이용함으로써 시간을 절약할 수 있다.

또한 반복적인 업무는 단순화하는 것이 좋다. 지루하게 반복되는 사소한 일은 시간 투자에 비해 얻을 수 있는 부분이 적다. 반복적인 일과를 단순화하자. 주소록이나 메일 리스트를 그룹별로 정리해 두거나 온라인상에서 기념일을 알려주는 서비스를 이용하는 것은 기본이다.

둘째, 인맥 관리를 자연스러운 삶의 일부로 받아들여라. 인맥 관리를 독립적인 하나의 일로 생각한다면 큰 잘못이다. 인맥은 업무의 일부분이 아니라, 삶의 바탕이 되는 인간관계를 통해 만들어지므로 업무나 여가 활동 중에 복합적으로 응용할 수 있다.

셋째, 전략적으로 거절하는 자기만의 노하우가 필요하다. 거절을 해야 할 경우에도 "싫어", "안 돼"라는 단호한 말로 하는 것보다는

"정말 가고 싶은데, 어쩌지?"라고 안타까운 마음을 표현해 주는 것이 좋다. 뻔한 말일지라도 상대방은 쉽게 수긍할 것이다.

단, 항상 습관적으로 거절하는 것처럼 보이지 않도록 하는 것이 포인트다. 또한 무조건 '된다'라고 긍정적으로 답한 후에 "사정이 생겨서 안 되겠다"는 부정적인 실천을 하는 것보다는 우선 "계획이 있긴 합니다만……"이라고 부정적인 답변을 준 이후에 "하지만 ○○○ 씨 부탁이라면……" 하고 긍정적인 실천을 보여주는 것이 효과도 크다.

넷째, 만나기 싫은 사람일 경우라도 때때로 만나야 한다. 사람들 중에는 대화가 잘 통하지 않거나 자기 중심적이어서 짜증나는 사람들이 있다. 하지만 이런 사람이 당신에게 도움을 줄 수 있는 사람이라면? '그래도 싫다'고 거부만 할 수 있겠는가? 이럴 때 자신의 마음을 가다듬고 좋은 감정을 가질 수 있도록 스스로 노력해 보자.

감정은 마음먹기에 따라 충분히 달라질 수 있다. 상대로 인한 불쾌감을 잊을 수 있도록 즐거운 일을 떠올려 보자. 그래도 부담스럽거나 만나기 싫은 사람이라면 당신이 믿을 만한 사람과 함께 자리를 마련하는 것도 좋다. 일 대 일의 관계보다는 감정을 조절하기가 훨씬 쉬워질 것이다.

나만의 인맥 데이터베이스를 구축하라

한 외국계 보험사의 라이프 플래너인 김수환 씨는 인맥 관리에 탁월한 능력을 가졌다는 평을 듣는다. 김수환 씨는 자신이 만난 사람을 모두 데이터베이스로 관리하는데, 그의 데이터베이스에는 10년 전에 딱 한 번 만난 적 있는 동대문 시장 의류 배달원의 신상 정보까지 들어있다.

그는 매번 새로운 사람을 만나서 인사를 나누거나 명함을 주고받으면 그것을 자기만의 인맥 데이터베이스에 고스란히 저장해 둔다. 내용이 조금이라도 바뀌었다면 업데이트하는 것은 기본이다. 처음에는 조금 번거롭기도 했으나 이제는 데이터베이스를 정리하지 않으면 하루 일과가 마감되지 않은 기분을 느낀다.

김수환 씨는 보험업계에서 일하는 사람이라면 누구나 목표로 하는 '백만불 원탁회의(MDRT, Million Dollar Round Table)'를 4년 연속 기록하고 있다. 인맥 데이터베이스가 큰 도움을 주는 것은 물론이다.

이와 같이 인맥은 만들어 나가는 것도 중요하지만 관리하고 성장시키는 것이 더욱 중요하다. 따라서 명함꽂이나 주소록보다 더 잘 정리된 나만의 인맥 데이터베이스를 만들 필요가 있다. 이 데이터베이스는 개인에 따라 그 사용법이 달라질 수 있지만, 대체로 이름, 직업과 회사명, 주소 및 전화번호, 생년월일, 만난 계기 등은 필수적으로 적어두어야 한다.

데이터베이스의 장점은 현재 나의 인맥에 대해 체계적으로 파악하고 제대로 관리하고 있는지 살펴볼 수 있으며, 인맥 중 부족한 부분이 있는지, 반드시 관리해야 할 사람인데도 소홀하지는 않은지 등에 대해서 수시로 점검할 수 있다는 것이다. 따라서 일반 주소록과 같이 가, 나, 다 순으로 정리하는 것보다는 만나게 된 동기별로 분류하거나, 혹은 자기와의 관계 친밀도를 중심으로 분류하여 정리할 수 있다.

- 분류 : 초등학교 동창
- 이름 : 심기철
- 회사 : L경제연구소
- 전화 : 02-3××-××××
- Mobile : 016-2××-××××
- 생년월일 : 1969.7.××
- 한마디 : 석사 연구원 똘이
- 친밀도 : 1

- 분류 : 해외 거래처 직원
- 이름 : David Lee
- 회사 : 정보통신 I사
- Tel : 001-41-24××-08××
- MSN : da×××@hotmail.com
- 생년월일 : 1970.3.××
- 한마디 : 마케팅 전문가 / 시카고대 MBA 졸
- 친밀도 : 3

위와 같이 정리하면 자신이 속한 그룹의 구성원들을 한 눈에 파악할 수 있으며, 급히 연락해야 할 때 신속히 활용할 수 있다. 나아가 해당 그룹에 어떤 사람들이 속해 있는지, 나와 어떤 관계에 있는지를 점검하면서 현재의 문제점을 보완해 나가기 쉽다. 더욱 체계적인 관리를 위해서는 컴퓨터를 이용하여 인맥 데이터베이스를 정리해 둘 수도 있다.

엑셀을 이용하여 정리해 두면 회사, 분야, 친밀도 등에 따라 찾아보기도 쉬우며 수정이나 변경이 손쉽고 깔끔하게 처리된다는 장점이 있다. 단, 컴퓨터를 항상 가까이하는 사람이 아니면 오히려 불편할 수도 있다.

분류	이름	연락처	직업	주소	비고	중요	친밀
동료	홍길동	011-3××-××××	HRKorea 과장	서울 역삼동	인맥에 능함	O	2
고객	이철수	018-2××-××××	(주) 로○○	코엑스	외국어 능통		1

친밀도와 중요도 부분은 본인만이 알 수 있는 기호로 기재할 수 있다. 위의 경우에는 영향력을 가진 중요한 사람인 경우에 O으로 표시하며, 친밀도는 친밀한 순서를 기준으로 1, 2, 3을 지정하도록 해놓았다.

친밀도나 중요도를 가리는 것은 번거롭고 애매한 작업이기는 하지만, 관계를 확인하고 개선하도록 노력할 때 유용하게 사용할 수 있다. 실례로 반드시 필요한 사람인데도 친밀도가 높지 못하다면 평소에 좀더 신경 써야 할 것이며, 특별히 교제할 필요가 없거나 오히려 손해되는 사람에게는 요주의 표시를 해두면 관리가 수월하다. 중요도와 친밀도는 1년에 한두 번은 진지하게 검토해 볼 필요가 있다. 기타 자신의 필요에 따라 열의 항목을 늘려 갈 수 있고 변경할 수 있기 때문에 편리하고 효율적으로 사용할 수 있다.

이렇게 정리해 둔 데이터베이스는 평소 교제와 편지, 전화에 신경 써서 관리할 필요가 있다. 그러나 꽃에게 물을 줄 때도 무조건 많이 주는 것이 최선은 아니듯, 연락도 무턱대고 많이 할 필요가 없다.

인맥 데이터베이스는 자신의 인간관계를 수시로 확인할 수 있으며, 소원해진 관계를 신속하게 파악하고 개선하는 데 효과적이다.

인맥 관리 정보 시스템의 효과적인 4가지 활용법

과연 당신은 인맥을 효과적으로 관리하고 있는가? 그렇지 않다면 인맥 관리 정보 시스템을 활용해 보는 것은 어떨까?

누구나 인맥 관리에 대한 욕심은 있지만 자칫 신경 쓰지 않으면 상대방의 중요한 기념일까지도 놓쳐 버리기 십상이다. 이런 정보 관리를 편리하면서도 효과적으로 할 수 있는 노하우를 살펴보도록 하자.

첫째, 컴퓨터를 이용해 인맥 다이어리를 작성해 보자.

개인 정보를 관리해 주는 인터넷 사이트가 속속 등장하고 있다. 다이어리 형식의 일정 관리부터 인맥 관리까지 해줌으로써 정기적으로 기념일을 알려주기도 한다. 이러한 사이트는 본인의 취향에 맞는 하나를 선택해 꾸준히 관리하는 것이 좋다. 만일 제대로 활용하지 못하고 여기저기 기웃거리기만 한다면 오히려 혼란해질 수 있다는 것도 유념해 두도록 하자.

온라인 인맥 다이어리 시스템

세븐데이즈(www.7days.co.kr)
미국 프랭클린코비사의 한국 파트너인 한국리더십센터와 협력하여 만든 사이트로 목표 관리 및 주소록 관리가 가능하다.

다이어리킷(www.diarykit.com)
인터넷을 통해 개인 정보를 관리해 주는 유용한 사이트로 개인 비서의 역할을 한다. 웹상에서 지원되는 모든 서비스를 PDA를 통해 사용할 수 있는 다이어리킷 PDA 서비스도 지원한다. 이곳에서는 이렇게 저장된 정보를 PDA 및 모바일 폰 등 다양한 형태로 사용할 수 있다는 것이 특징이다.

타임글라이더(www.timeglider.com)
스케줄, 주소록, 일기장, 앨범 등 개인 정보 관리에 초점을 맞추고 있다. 특히 인맥 관리의 기본 전달 수단인 명함과 인맥의 가장 중요한 부분인 가족·친척의 가계도와 연동되는 주소록이 눈에 띈다. 아웃룩 익스프레스에 있는 주소록 파일을 직접 올릴 수 있는 것도 장점이다.

둘째, 자신만의 특별한 뉴스레터를 보내라.
종합상사에서 근무하는 최호철 부장은 주요 고객들에게 특별한 이메일을 보낸다. 1주일에 한 번 자신이 직접 쓴 메시지와 함께 직장인들에게 필요한 '뉴스·상식', '맛집·멋집' 등에 대한 정보를 담고 자신의 사진과 간단한 프로필을 담아 정기적으로 보내고 있다.
최근 이와 같이 개인 고객 관리나 인맥 관리를 대행해 주는 시스템도 있다. 대표적으로는 '위너365(www.winner365.com)'를 꼽을 수 있다. 유료 사이트라는 단점이 있기는 하지만 월별·분기별·연별로 다양한 상품을 구비하고 있다. 원하는 대상에게 자신의 최근 현황을 꾸준히 알릴 수 있으며, 보기 쉽고 간편한 정보를 담고 있어 매우 유용하다.
최근 세간에서 많은 이들에게 회자된 '고도원의 아침편지'의 주인공 고도원 씨가 자신의 홈페이지에 좋은 글귀를 적고 지인들에게 짧은 글을 보내던 중 뜻밖의 호응을 얻어 70만 명의 회원을 갖게 된 사례도 이와 비슷하다.

만일 이와 같이 뉴스레터를 만들어 보내는 것이 부담스러우면 아웃룩 익스프레스에 등록되어 있는 편지지를 이용하거나 자신의 개성을 담아 만든 편지지 이미지를 만들어 등록하는 것도 좋다.

셋째, 때로는 아날로그 방식을 활용하라.

인맥 관리 정보 시스템이 온라인상에 있는 사이트나 메일 방식을 활용한 것뿐이겠는가? 디지털화되지 않은 아날로그적인 방식이 신속하고 정확한 인맥 관리에 효과적일 때가 있다.

가장 대표적인 것이 인맥 관리 정보만 기재한 휴대용 수첩을 이용하는 것이다. 휴대용 수첩은 변경 사항이 있을 때 즉시 수정할 수 있고 신속한 확인이 가능하기 때문에 별도로 시간을 내어 정리하지 않아도 최신의 것으로 유지하기가 수월하다. PDA나 PC가 체계적인 관리를 위한 것이라면 수첩은 편리하고 신속한 관리를 위한 것이다. 그리고 명확한 인맥 관리 상태를 확인하기 위해서는 일반적인 메모나 업무용 다이어리와 구분하는 것이 효과적이다.

한편 아날로그 방식은 상대를 감동시켜야 하거나 꼭 필요한 인사를 해야 할 경우에도 이용할 수 있다. 이메일이나 휴대폰 등 첨단 기술을 벗어나 엽서나 편지를 이용하면 디지털화된 것들에 익숙해진 사람들이 그 정성을 더욱 깊게 느낄 수 있을 것이다.

넷째, 인맥 관리 사이트를 이용하라.

잘 알려진 커뮤니티 사이트를 이용하는 방법이다. 사이버 공간에서 가족간·친척간·친구간·회사 동료간에 네트워크를 형성할 수 있으며, 관심분야가 비슷한 사람들과 모임을 만들어 활동할 수 있다.
　이러한 인맥 관리 사이트는 게시판 및 채팅기능도 우수한 편이며, 특히 쪽지 기능을 활용하기가 쉬워서 조금이라도 인터넷을 이용할 줄 아는 사람이라면 한결 편리하게 사용할 수 있다.

대표적인 인맥 관리 사이트

싸이월드(www.cyworld.com)
　'인맥 관리'를 모토로 만들어진 사이트로, 쉽고 재미있게 관계를 설정할 수 있도록 만들어 놓았다. 가까운 사람들은 1촌으로 맺을 수 있으며, 1촌의 인맥을 볼 수 있어 징검다리 역할을 대신해 주기도 한다. '미니홈피'나 '미니룸'과 같은 자신의 개성을 표현하는 기능들을 추가하고 있어 상대의 관심분야와 특징을 수시로 살펴볼 수 있다. 또한 정규적으로 기념일을 표시해 주고 있기도 하다.
　자신과 관계된 모든 사람들이 회원으로 등록되어 있지 않는 한, 전체적인 인맥을 관리할 수 없다는 단점이 있으나 특정 모임과 관련하여 가계도까지 살펴볼 수 있다는 장점이 있다.

프리챌(www.freechal.com)
　'싸이월드'와 유사한 사이트다. 싸이월드와 마찬가지로 미니홈피를 갖추고 있으며 모임 활동을 원활히 할 수 있도록 게시판이 체계화되어 있다. 전자 앨범 및 전자 명함, 전자 카드 등 다양한 기능을 갖추고 있다.

> **다모임(www.damoim.net)**
>
> '아이러브스쿨(www.iloveschool.co.kr)'과 같이 동창을 중심으로 인맥을 관리해 나갈 수 있는 사이트다. 아이러브스쿨이 졸업생에게 초점이 맞춰져 있는 반면, 다모임은 재학생들에게 초점이 맞춰져 있다.
>
> *이 밖에 인맥 관리 기능은 없지만 모임이 활성화되어 있는 사이트로 카페가 가장 많은 '다음(www.daum.net)'과 '시티스케이프(www.cityscape.com)' 등이 있다.

상대에게 3분만 투자하라

컴퓨터 유통회사에 근무하는 이지혜 씨는 어떤 사람을 만난 뒤에는 반드시 24시간 안에 메일을 보낸다. 처음에는 고객 관리 차원에서 시작한 이 일이 이제는 익숙해져서 업무상 만난 관계가 아니더라도 습관적으로 메일을 보내고 있다.

지혜 씨의 이런 간단한 습관이 상대방에게는 마음을 열 수 있는 창구가 될 수 있다. 상대방에게 먼저 악수를 건네는 것이 상대에게 속이는 것 없이 마음을 열었다는 상징이 되는 것처럼 먼저 인사말을 보내는 것은 앞으로의 관계에 우호적이라는 표시이다. 또한 상대보다 우위를 선점할 수 있는 기회가 되기도 한다.

편지의 예)

Y사 ○○○입니다.
오늘 직접 만나 뵙게 되어 진심으로 반가웠습니다.
말씀 중에 "우수한 인재 관리가 21세기 경쟁력의 핵심이다"라는 부분은 참으로 인상적이더군요.
이렇게 인연을 맺게 된 점 소중히 생각하며, 앞으로 서로 좋은 결과 만들 수 있도록 최선을 다하겠습니다.
언제든지 필요한 부분 있으시면 말씀해 주십시오.
감사합니다.

Y사 ○○○팀
○○○ 과장
Tel 02-3450-××××
Mobile 011-234-1234
E-mail aaa@bbb.ccc

많은 사람들이 상대가 나를 어떻게 생각하는지에 대해 궁금하게 여기는 경우가 많다. 오늘 만남에서 실수는 없었는지, 너무 말을 많이 한 것은 아닌지 등에 대해 다시 생각해 보기도 한다. 커뮤니티 모임 이후에 모임에 참여한 사람들이 모임 후기를 관심 있게 보는 것도 타인의 시선을 염두에 두기 때문이다. 따라서 이렇게 피드백을 해주면 안도감을 느끼는 동시에 상대의 배려에 감동하게 된다.

입력과 산출의 중간 단계에서 정기적인 피드백이 있어야 원하는 바를 정확하게 얻을 수 있듯이 인간관계에서도 올바른 관계를 정립해 나가기 위해서는 반드시 피드백이 필요하다.

이러한 피드백이 꼭 만남 이후일 필요는 없다. 상대와 너무 오랫동안 만나지 않아 관계가 소원한 경우, 혹은 상대에 대한 소식을 접하게 되었을 경우 등 평소 자주 보지 못하는 사람과의 관계에서도 피드백을 활용할 수 있다.

'나도 바빠 시간이 없는데 언제 상대에게 신경을 쓰나?' 하고 고민하는 사람들이 있을지도 모른다. 그런 이들은 너무 거창하거나 완벽한 시스템을 생각하고 있기 때문은 아닌가 살펴볼 필요가 있다.

우리가 상대에게 투자하는 시간은 3분에서 5분 정도면 충분하다. 여기서 중요한 것은 생각에서 그치지 않고 상대에게 가시적인 표현 방법을 실천한다는 것뿐이다. 아무것도 하지 않고 흘려 버릴 수도 있는 시간을 상대에게 투자함으로써 보람 있게 활용할 수 있다.

3~5분 사이에 무엇을 할 수 있냐고 반문하는 사람들이 있을 수 있다. 우선 이 시간에 전화를 1~2통 할 수 있으며, 이메일을 보낼 수도 있다. 특히 이메일은 참조를 잘 활용하면 수십 통을 보낼 수도 있다.

이것이 성의 없다고 생각된다면 엽서를 이용해 보는 것은 어떨까? 요즘 디지털화된 간편한 통신 수단에서 벗어나 엽서나 카드를 보내면 상대의 감동은 배가 될 수 있다. 이러한 우편물은 회사의 우편물 관리 시스템을 이용하여 함께 발송할 수 있으며, 이것이 어려울 땐 1주일분을 모아 두었다가 우편함에 넣을 수도 있다.

방송작가인 조배려 씨는 3년째 점심식사 이후 5분간 차를 마시며 이렇게 엽서를 활용하고 있다. 하루 한 통씩 보낸 엽서 덕분에 그간

섭외했던 사람들과 지속적으로 정보를 주고받으며 친밀한 관계로 발전하였다고 한다.

이 밖에 문자메시지도 손쉽게 이용할 수 있다. 최근에는 40~50대인 분들도 문자메시지를 잘 활용하는 것을 볼 수 있다. 저렴한 가격에 많은 사람에게 관심을 표현할 수 있는 좋은 수단이다. 이렇게 매일 3분씩만 투자해도 1년에 360명은 관리해 나갈 수 있다. '티끌 모아 태산'은 인간관계에서도 절대 명제라는 것을 실감하게 해 준다.

스키장에서의 일석삼조

인맥을 관리할 때 가장 문제되는 부분으로 손꼽히는 것이 시간 부족이다. 일하기도 부족한데 언제 사람들을 관리하느냐는 것이다. 몇몇 직장인의 다이어리를 살펴보면, 아침에는 학원에 나가 영어 공부를 하고, 저녁에는 일본어를 배우고, 밤에는 운동을 하는 등의 스케줄로 빼곡하며 주말에는 평일에 만나지 못한 사람들을 만나고 각종 경조사에 참석하느라 쉴 틈이 없다.

그러나 시간은 활용하기 나름이다. 누구에게나 똑같이 24시간이 주어져 있지만 얼마나 효과적으로 활용하느냐에 따라 그 가치는 달라진다.

음반회사에 근무하는 김경식 씨는 잦은 야근으로 운동을 하기 힘들어 지하철에서 한두 역 전에 내려 회사까지 걸어가는 것으로 운동을 대신하고 있다. 출근하면서 운동까지 병행할 수 있는 효과적인 방법이 아닐 수 없다. 이와 같이 이제는 어떤 일을 끝내고 나서 다른 일을 준비할 것이 아니라, 다른 일과 동시에 새로운 일을 진행하는 지혜가 필요하다.

또한 주5일 근무를 하는 회사가 늘어나면서 양보다는 질적인 측면에서 효과적인 시간을 활용하려는 의식이 높아지고 있다. 많은 시간을 일하기보다는 주어진 시간 내에 일을 마치고 이틀간의 휴일을 이용하여 자기계발, 취미활동 등을 하고 싶어한다. 그런데도 많은 사람들이 이를 실천하지 못하고 있다. 주요 원인은 시간이 부족하다는 것이다. 그러나 사실 절대적인 시간이 부족하다기보다는 상대적으로 우선순위에서 밀리는 경우가 대부분이다. 또한 여러 가지 일 중에서 중요성이 높은 일을 찾아내어 처리하는 데 미숙하기 때문에 항상 시간에 쫓기는 경우도 많다.

그러나 아무리 바쁘더라도 놓쳐서는 안 되는 것이 인맥 관리다. 인맥은 시간이 남을 때 한가하게 관리해도 되는 대상이 아니다. 바쁠 때일수록 정보통이 될 만한 인맥이 있는지, 소홀한 관계는 없는지 확인해 보아야 한다. 인맥을 이용하면 의외로 시간을 절약하여 일을 빨리 끝낼 수 있는 경우도 많다.

바쁜 시간을 쪼개어 인맥을 관리할 수 있는 가장 효과적인 방법 중 하나는 함께 레저를 즐기는 일이다. 스포츠는 인간관계를 돈독하게 해주며 언제든지 타인과 함께 즐길 수 있다는 장점이 있다.

의류회사에서 근무하는 서용식 이사는 주말에 주로 골프장을 찾는다. 처음에는 비용이 부담스러워 망설였지만, 회사의 딱딱한 분위기와 다르게 화기애애한 분위기에서 고객사의 임원 및 대표이사들과 원활한 관계를 유지할 수 있어 주변 사람들에게도 적극 추천하고 있다.

2000년 미국의 한 잡지에 기고된 칼럼에 따르면, 미국의 대기업 CEO들의 골프 핸디캡과 경영상태를 조사한 결과 골프를 잘 치는 사람이 회사경영도 잘한다는 결과를 나타냈다. 또한 독일의 한 경제 월간지 조사 결과에 따르면, 기업의 주요한 거래 계약 중 과반수 이상이 골프장에서 성사되었다는 보도도 있었다. 이와 같이 레저활동은 단순한 취미, 스포츠를 넘어 사교의 장이 될 수 있다.

최근 전자회사 해외 영업팀에 근무하는 김영희 차장은 해외에서 방문한 바이어들과 함께 주말에 스키장을 찾았다. 동남아에서 온 바이어들은 한국의 스키장에서 아름다운 설경을 경험하고 김 차장을 비롯한 직원들과도 친분을 맺는 계기가 되었다. 겨울철 주말이면 자주 스키장을 찾아 실력을 쌓아온 김 차장은 스키에 익숙하지 못한 사람들에게 강습도 해주었다. 친분을 쌓고 관광도 하며, 그녀의 친절한 성품까지 보여준 덕분인지 쉽게 계약을 성사시킬 수 있었다.

이렇게 자기만의 레저와 취미활동을 갖게 되면 상대방을 자신감 있게 접할 수 있을 뿐 아니라, 자연스럽게 활동을 즐기면서 친분을 쌓을 수 있기 때문에 일석삼조의 효과를 기대할 수 있다.

이러한 취미 · 레저 활동은 등산이나 기타 스포츠 외에도 함께 즐길 수 있는 영화 및 공연 감상 등 다양한 범위 안에서 선택할 수 있다.

마케터에게 배우는 자기 마케팅법

인맥과 마케팅이 무슨 관계가 있을까?

마케팅의 핵심은 시장에서 고객들에게 충분히 자사의 제품을 홍보하여 다른 제품들과 차별화된 이미지를 갖게 하고 구매력으로 이끄는 데 있다. 인맥에서도 마찬가지다. 인맥은 바로 시장 내에 있는 고객들이며 당신은 하나의 상품이다. 세상이라는 시장 안에서 당신과 연관성 있는 사람으로 끌어들여 인맥으로 구축하기 위해서는 당신이 갖고 있는 자기의 브랜드를 활용하여 최대한 자신을 알릴 필요가 있다. 또한 일단 고객으로 확보한 이후에는 재구매가 일어날 수 있도록 꾸준하고 적절한 홍보와 마케팅이 필요하다.

일단 당신의 인맥으로 확보한 사람들에게 당신의 장점과 특징, 그리고 목표를 꾸준히 알림으로써 필요한 시기에 도움을 주고받을 수 있는 관계로 관리해 나가야 한다.

전략적으로 인맥을 관리하기 위해서는 자기를 마케팅할 수 있는 방법들을 알아둘 필요가 있다. 이미 인맥의 접근 단계에서 자기 브랜드화에 대해서 충분히 언급했기 때문에 관리 단계에서 중요한 전략을 몇몇 마케터들의 예를 통해 배워보자.

히트 상품 제조기로 알려진 외국계 회사 마케팅팀의 이은철 팀장은 '마케팅은 다양한 채널을 통한 전략적 홍보'라고 강조한다. 그는 "사람들은 타인의 평가에 주의를 많이 기울이기 때문에 직접적으로 상품이 좋다고 말하기보다는 타인의 입을 통해 제품의 우월성에 대해 듣도록 하는 것이 중요하다"고 말한다. 한마디로 입소문이 중요하다는 것이다.

이 원칙을 인맥에 대입시켜 보자. 상대방에게 내가 직접 나를 알리고 칭찬하는 것보다는 제3자를 통해 나에 대한 칭찬을 듣게 하는 것이 효과적이라는 결론을 얻을 수 있다.

"이번에 용 대리가 4천만 원 프로젝트를 성공했다고 하더군!"

"M사와의 제휴건을 성사시킨 주인공이 황 과장이야!"

이런 칭찬은 상대방에게 강한 호기심을 불러일으킨다. 누구나 능력 있는 사람을 선호하는 경향이 있기 때문이다. 또한 이런 점을 응용하여 제3자로부터 상대의 칭찬을 듣도록 하는 것도 좋다.

A : "김 실장, 이번에 큰 프로젝트를 성공했다면서? 축하해."

B : "고마워. 그런데 어디서 들었나?"

A : "음, 오 차장에게 들었어……. 어쨌든 자네 대단해……."

이런 상황에서 김 실장이 오 차장에 대해 호감을 갖게 되는 것은 당연하다.

또 다른 마케팅의 대가 박문수 이사는 '적극적이고 꾸준한 고객관리가 마케팅의 기본'이라고 말한다. 마케팅은 고객이 오기를 기다리는 것이 아니라, 고객을 찾아나서는 일이라는 것이다.

박 이사는 "그저 좋은 제품을 만들었다고 좋은 반응을 얻을 수 있는 것은 아닙니다. 적극적인 PR과 재구매를 일으킬 수 있는 고객관리가 중요합니다"라고 말하며 덧붙여서 "사람들은 자신의 이익에 관심이 집중되어 있습니다. 이 점에 주의를 기울여야 합니다" 하고 강조했다.

이러한 원칙에 따르면 우선 상대의 입장과 관심사에 대해 이해하려고 노력하는 것이 중요하다. 나아가 자신의 장점과 특징이 상대의 관심사에 영향을 미칠 수 있다는 점을 강조한다면 더욱 효과적이다. 그리고 적극적으로 이메일을 보내거나 전화를 하면서 자신의 근황을 적절히 알려주는 것이 좋다.

마지막으로 통신회사에서 온라인 마케팅을 담당하고 있는 김호선 대리는 "때때로 마케팅을 위해서는 투자 비용을 아까워하지 말라"고 당부한다. 적절한 투자 비용으로 향후 엄청난 이익을 가져올 수도 있다는 것이다.

경우에 따라서는 "오늘 내가 한턱 쏠게! 이번에 승진했거든" 하고 과감하게 이야기할 수 있어야 한다. 말로만 하는 자랑은 얄밉게 들릴 수 있지만 이를 통해 기분 좋게 상대방을 대접해 준다면 상대방은 어떤 일로 당신이 인정받게 되었는지 자연스럽게 관심을 가져주고 기억해 줄 뿐 아니라 당신의 마음 씀씀이에 감동할 것이다.

 인맥 관리에서 응용 가능한 마케팅 원칙

1. 입소문의 마력을 이용하라.
2. 평소에 적극적이고 꾸준한 인맥 관리에 힘써라.
3. 상대의 입장과 관심사를 사려 깊게 이해하라.
4. 투자 비용을 아까워하지 말라.

[Interview 4]

인맥에도 정도가 있다

고승철(동아일보 편집국 부국장)

"상대방을 먼저 배려해야 합니다."

'인맥 관리'에 대한 노하우를 묻는 말에 고승철 부국장이 가장 먼저 답한 한마디다. 동아일보 경제부장을 역임한 고승철 부국장은 언론인으로 20년 이상 근무하면서 동료들과 후배들로부터 '올바른 직장인', '존경하는 선배'로 신망 받아온 인물로 꼽힌다. 또한 '주변 사람들을 잘 챙겨주는 사람', '스스로 실력을 갖추기 위해 노력하는 사람'이라는 이미지로 각인되어 있다.

고 부국장을 아는 사람들은 그가 인맥 관리에 관해서도 관심이 많다는 것을 알고 있다. 사실 대학원 박사 과정에서 인적 자원 관리를 공부한 만큼 그 분야에 대한 관심이 남다르다.

"이런저런 인연으로 만나는 사람은 소중한 자산이 될 수 있습니다. 직장이란 조직에서 활동하는 직장인이라면 당연히 인맥 관리를 제대로 해야죠."

이렇게 사람들을 소중히 생각하고 있지만, 사실 고승철 부국장은 인맥의 부정적인 측면에 대해 우려하는 입장을 가지고 있다. 특히 어줍잖은 인맥을 이용하여 개인의 이익을 챙기는 것에 대해서는 철저히 반대한다.

"인맥을 긍정적으로 활용했을 때는 삶을 풍요롭게 하지만, 간혹 개인의 이익을 위해 청탁용으로 잘못 활용될 경우에는 비리를 만들고 삶을 추악하게 할 수 있습니다."

안면을 이용하여 부당한 거래를 일삼아 사회를 어지럽히는 사람들에게 날리는 일침이다. 그는 상대방으로부터 무언가를 얻으려는 생각으로 접근하는 것은 결국 청탁용 인맥으로 전락하고 만다고 확신했다. 또한 장기적인 관점에서 상대방으로부터 호감을 얻지 못하게 될 가능성이 크다고 충고했다. 따라서 인맥도 '정도' 대로 만드는 것이 중요하다고 말했다.

그렇다면 고 부국장이 말하는 인맥의 '정도'는 무엇일까?

"누구로부터 도움을 받기 위해 사람을 관리하는 방식은 금방 그 속셈이 드러나게 됩니다. 사람과 사람의 관계는 서로 도울 수 있는 관계로 발전시키는 것이 가장 올바르죠. 처음에는 상대방을 무조건 돕겠다는 생각으로 배려하는 마음을 가져야 합니다." 즉, 올바른 인간관계를 위해서 나의 이익보다는 상대를 배려하는 것이 중요하다.

"물론 상대방이 이기적인 사람일 경우에는 받기만 하고 남을 위해 희생할 줄 모르기 때문에 리스크 요인이 될 수 있습니다. 하지만 조금 손해를 보는 것 같더라도 상대방을 진심으로 배려하는 마음은 궁극적으로 신뢰감 있는 인맥을 만들고 사람들과의 관계를 원활하게 해줌으로써 더 큰 이익을 가져다줄 수 있습니다."

고 부국장이 인맥에 대해 얼마만큼 고민하고 스스로 관리하고 있는지 느낄 수 있는 대목이다.

그의 이러한 판단은 직업적인 소명감 때문에 만들어진 면도 없지 않다. 언론인으로서 취재원과 개인적인 친분을 맺게 되면 언론인의 윤리가 퇴색될 수 있다고 믿기 때문이다.

"학교 동창회에도 거의 가지 못하고 경조사도 제대로 챙기지 못합니다. 개인적인 친분 때문에 인간적인 갈등을 느껴 문제점을 지적하지 못한다면 기자로서의 자격이 없는 것 아니겠어요?"

그 대신 고 부국장은 중요한 취재원에 대해서는 사후 관리를 철저하고도 체계적으로 하고 있다. 상대방의 명함을 정기적으로 정리하고 때때로 메일을 통해 관심사를 나눈다. 또한 이메일 토론도 벌이며 읽고 감동 받은 책 내용을 소개하기도 한다. 덕분에 주요 취재원 사이에 '고승철 팬'이 두텁게 형성되어 있다. 세상 돌아가는 이야기, 정부 및 기업의 핵심 정보가 이런 취재원들로부터 고승철 부국장에게 자연스레 흘러 들어가는 것이다.

고승철 부국장이 거부하는 것은 청탁용 인맥이지, 올바른 정보망으로서의 인맥이 아니다. 이것은 21세기 바람직한 인맥을 만들어 나가는 데 매우 중요한 부분이다. 상대방을 먼저 배려하고 도와준다는 마음가짐으로 대하며, 서로 도움을 주고받을 수 있는 긍정적인 관계를 통해 소중한 자산을 관리해 나가는 것, 이것이야말로 풍부한 인맥을 만들어 가는 초석이다.

고승철 편집국 부국장은 서울대 경영학과를 졸업하고, 고려대에서 인사조직을 전공으로 박사 과정을 수학하였다. 경향신문 파리특파원으로 활동했으며 (주)효성 이사를 거쳐 현재 동아일보에 근무하고 있다. 저서로 『학자와 부총리』, 『최고경영자의 책읽기』 등이 있다.

3부

직장인이여!
당신의 인맥을 업그레이드하라

Network Quotient 직장인이라면 자기계발을 위해 한 차원 업그레이드된 인맥이 필수적이다. 이 장에서는 신입 사원, 관리자, 경영자의 상황에 맞는 인맥 만들기는 어떤 것인지 알아본다. 또한 각기 다른 인맥 전략에 따라 중점을 두어야 할 부분과 정보가 무엇인지 알아보자.

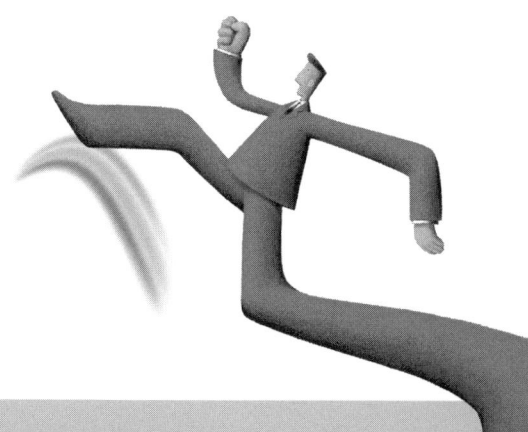

7장 신입 사원 : 인맥에도 배짱이 필요하다

조직을 알면 인맥이 보인다

사회 초년생들이 인맥을 만들기란 쉽지 않다. 자신의 경력 목표를 달성하고 경력을 관리해 나가는 데 도움을 줄 수 있는 사람이 누구인지, 그 사람이 어디에 있는지도 모르는 상태에서 인맥을 만들겠다고 무조건 밖으로 다닐 수 없기 때문이다. 그렇다고 저절로 인맥이 만들어질 때까지 무작정 기다리는 것도 시간 낭비다.

이러한 신입 사원에게 첫 직장은 인맥의 텃밭과 같다. 회사 안에서 충분히 인맥의 뿌리를 내리게 되면 그것을 기반으로 든든한 인맥이 고구마 넝쿨처럼 엮어질 수 있다. 뿐만 아니라 회사의 일이란 혼자서, 또는 부서 안에서만 처리할 수는 없다. 어떤 식으로든 다른 부서나 다른 직원들의 도움과 협조가 필요하다. 그렇다면 조직을 알고 구성원들과의 관계를 돈독히 쌓기 위해서는 어떻게 해야 할까?

그 첫 번째 전략으로 꼽을 수 있는 것이 '분위기 파악'이다. 자신이 근무하는 회사가 어떤 메커니즘으로 돌아가고 있는지를 이해해야 한다. 기획, 영업, 마케팅, 생산, 관리부서가 각각 어떤 일을 하고 어떤 사람들로 구성되어 있는지, 또 주요 인물들은 누구인지를 최대한 빨리 파악하는 것이 중요하다.

하지만 모든 부서의 사람들을 일일이 찾아가서 만나고 어떤 일을 하는지 어떤 도움을 받을 수 있는지 물어볼 수는 없다. 이럴 땐 회사와 직원들에 관한 정보가 어느 곳에 집중되어 있는지를 먼저 살펴보면 된다. 각 회사마다 조금씩 차이는 있겠지만, 대개 사내 소식과 인물들에 대한 가장 확실한 정보를 가지고 있는 곳은 인사부나 관리부다. 따라서 빠른 시간 내에 제대로 분위기 파악을 하고 싶다면 회사의 인사부나 관리부 직원과 돈독한 관계를 만들어야 한다.

이들 부서의 경우 회사 내의 모든 부서와 긴밀한 업무 협조가 이루어지기 때문에 사내 정보의 메카라 할 수 있다. 특히 인사부에서는 직원이 아무리 많다고 하더라도 직원 개개인의 인사와 평판에 대한 기록을 관리하기 때문에 사람에 관한 한 누구보다 많은 정보를 가지고 있다.

관리부나 회계부서를 통하면 업무를 매끄럽게 처리하는 데 큰 도움을 받을 수 있다. 예컨대 업무 중 발생할 수 있는 소소한 경비 처리나 각종 서류 발급 등 사소하지만 번거로운 일들은 관리부서 실무 담당자 선에서 처리가 된다.

같은 부서도 아닌 인사부나 관리부 직원과 친밀한 관계를 형성하기 위해서는 먼저 다가가는 적극성이 필요하다. 신입 사원의 경우 입사와 관련하여 여러 가지 서류를 제출하게 되는데, 이때 서류만 가져가지 말고 시원한 음료라도 한 잔 건네보자. 또 사소한 도움이라도 받게 되면 감사를 표현하는 것이 좋다. 같이 식사를 할 수도 있고 작은 선물을 할 수도 있다.

그런데 좋은 관계를 형성하라고 해서 그저 친분을 쌓는 데 그치는 것은 곤란하다. 중요한 것은 이들을 통해 조직의 현황과 문화를 파악하는 것이다. 회사 내의 분위기와 인물에 대한 정보를 파악해 두면 아직 사회생활에 서툰 신입 사원이라 할지라도 실수할 경우가 줄어든다. 또한 그들은 신입 사원인 당신의 인맥에 든든한 밑천이 될 것이다.

직속 상사에게 때론 아부가 필요하다

어느 날 필자에게 후배가 찾아와 경력 관리에 대한 조언을 구했다. 대학에서 교육학을 전공하고 어학 연수와 취업 재수 끝에 마케팅 리서치 회사에 입사한 친구였다. 후배는 어렵게 취업에 성공한 만큼 그 분야에서 더 빨리 인정받고 탄탄한 경력 관리를 해야겠다는 욕심도 컸다.

"선배님, 사회생활을 시작하려니 걱정이 많아요. 회사에서 인정받으며 일하려면 어떻게 해야 하죠?"

"우선 네 분야를 확실히 개척해 나가야지."

"제 분야요?"

"앞으로 '리서치' 하면 네가 떠오를 수 있도록 말이야."

"그럼 어떤 공부를 더 해야 할까요?"

"공부도 중요하지만, 네 목표에 맞는 인맥 관리도 필요하단다."

"인맥 관리요?"

이 말을 들은 후배는 막막해했다. 학교를 졸업하고 갓 사회생활을 시작해 어리둥절한 신입 사원에게 인맥 관리 첫걸음으로 제시할 수 있는 카드는 무엇일까? 그 1호가 바로 직속 상사다. 직속 상사는 인맥을 개척해야 하는 신입 사원이 가장 쉽게 접근할 수 있는 희망인 셈이다.

상사는 내가 하고 있는 일을 가장 정확히 알고 있고, 대부분의 경우 나에게 도움이 되는 정보와 인맥을 갖고 있다. 게다가 직속 상사와의 원활한 관계는 빠른 의사결정을 이끌어낼 수 있을 뿐 아니라 상사 위의 상사에게도 좋은 반응을 끌어낼 수 있어 인사고과에도 유리하다.

상사와 좋은 관계를 맺기 위한 첫 번째 키워드는 상사에게 꼭 필요한 부하 직원이 되는 것이다. 어떻게 해야 사랑스런 부하 직원으로 거듭날 수 있을까?

첫째, 정확하고 신속하게 보고하라.

신입 사원이 가장 유의해야 할 점은 보고 라인을 명확히 파악하고 수시로 보고하는 습관을 기르는 것이다. 때때로 투철한 책임감으로 혼자 보고서를 만들거나 업무를 처리해야겠다는 욕심을 내는 사람이 있다. 그러나 이것은 가장 어리석은 짓이다. 혹 실수라도 한다면 본인이 모든 책임을 질 수 있는가? 아직 회사와 업계에 대한 정보가 부족한 신입 사원은 선배나 상사와 수시로 커뮤니케이션하면서 자신의 업무 수행에 대해 알리고 피드백을 받는 것이 중요하다.

정확하고 신속한 보고만으로도 선배나 상사는 자신이 존중받고 있다는 것을 느낄 수 있으며, 업무 처리에 대한 걱정을 덜 수 있다. 이것은 신입 사원만의 특권이기도 하다. 단, 보고 라인을 명확하게 파악해야 한다. 자신의 직속 상사를 뛰어넘어 더 높은 상사에게 보고한다면 직속 상사로부터 날아오는 비수를 막기 어려울 것이다.

둘째, 1주일에 한 번은 야근하라.

신입 사원은 안팎으로 정보를 입수해야 하는 시기다. 따라서 정규 업무시간 중에 처리하지 못한 일이 있거나 조직 및 업계를 파악하기 위한 시간이 필요하게 마련이다.

1주일에 한 번씩 3~4시간 정도 야근하면서 자신의 업무와 관계된 다양한 정보를 입수하는 시간으로 활용해 보자. 단행본이나 잡지, 인터넷 등을 통해 자료 수집을 할 수 있을 뿐 아니라 자신의 주변을 정리하는 시간으로 이용할 수도 있을 것이다. 물론 상사에게도 회사에 대한 애착과 업무에 대한 노력을 아끼지 않는 사원의 이미지를 심어 줄 수 있다. 때때로 정규 근무시간에 알 수 없었던 회사의 요모조모에 대해서 접할 수 있다는 것도 좋은 선물이 될 수 있다.

셋째, 선배나 직속 상사에게 필요한 정보를 제공하라.

아직까지 회사 업무 파악에도 눈뜨지 못한 신입 사원의 경우라도 주변에 조금만 관심을 가지면 팀 내의 역할 파악과 현재 수행하고 있는 프로젝트에 대해서 알 수 있다.

이때 본인에게 지시된 업무가 아니라 하더라도 선배나 직속 상사가 진행하고 있는 업무에 대해 파악해 보자. 그리고 필요로 하는 정보가 있다면 솔선수범하여 제시해 보자. 작은 일이라도 선배나 상사는 감동할 것이다.

단, 자신의 업무는 이미 끝내 놓은 상황이어야 한다. 단순히 모닝커피나 선물을 제공하거나 가식적인 친근함으로 눈에 보이는 아첨을 하는 것과는 다르게 자신의 능력을 인정받으면서 신뢰감을 높일 수 있다.

이런 전략으로 상사에게 꼭 필요한 부하 직원이라는 이미지를 심어주면 상사도 자신의 인맥을 공개하는 데 주저하지 않을 것이다. 상사와 함께 세미나에 참석하거나 커뮤니티를 추천받으면서 업계 인맥을 쌓아갈 수 있을 뿐 아니라, 필요한 경우 개인 네트워크를 소개받을 수도 있다.

무엇보다 직장인들의 대부분은 자신의 첫 직장을 기초로 경력을 쌓아가기 때문에 큰 변동이 없는 한, 한 번 상사는 같은 업계에 머무를 가능성이 크다. 즉, 상사의 인맥을 소개받지 못한다 하더라도 당사자인 상사 자체가 나의 중요한 네트워크로 활용될 가능성이 크다는 것을 기억하자.

입사 동기는 인맥 동기

대규모 공채가 많이 사라지긴 했지만 요즘에도 신입 사원은 대개 공채로 채용한다. 대기업의 경우 매년 채용하는 신입 사원의 기수가 매겨지고 같은 기수끼리는 무척 돈독한 관계를 유지한다. 같은 시기에 서류전형과 면접을 통과하고 대개 1주일 정도 신입 사원 합숙 교육을 함께 받게 되니 친해지는 것은 당연한 일이다. 자연스럽게 동기회가 만들어지고 동기간 정보 교류도 활발해진다. 대기업이 아니더라도 신입 사원의 경우 비슷한 시기에 여러 명을 공채로 채용하는 경우가 많다.

공채를 통해 대형 유통업체에 입사한 장보미 씨는 입사한 지 6개월밖에 되지 않았지만 어지간한 회사 소식은 꿰고 있다. '어느 부서는 팀장이 너무 엄격해서 부하 직원들의 불만이 많다', '어느 부서는 회식을 자주 한다', '내년에는 어떤 분야로 사업 확장 계획이 잡혀 있다' 등 다른 부서에서 일어나는 사소한 일부터 굵직한 회사 계획까지 정확히 파악하고 있다. 뿐만 아니라 신입 사원치고는 무슨 일이든 척척 잘해 낸다고 상사로부터 칭찬이 자자하다.

보미 씨의 비결은 바로 입사 동기 인맥에 있었다. 그는 37명의 입사 동기회 총무로 활동하면서 각 부서의 동기들과 개인적으로도 무척 친밀한 관계를 유지하고 있다. 각 부서에 포진해 있는 입사 동기들로부터 여러 정보를 얻는 것은 물론, 업무에 있어서도 비록 사소한 것이더라도 많은 도움과 협조를 받을 수 있었던 것이다.

아직은 이렇다 할 인맥이 없는 신입 사원에게 입사 동기는 무척 중요하다. 다음과 같은 몇 가지 이유를 보면 그 중요성을 알 수 있을 것이다.

첫째, 입사 동기는 회사 내 각 부서의 인맥을 만드는 징검다리가 된다.

공채를 통해 채용된 신입 사원은 교육을 거쳐 각 부서로 발령이 된다. 즉, 적어도 각 부서에 내 인맥이 하나씩은 생기게 된다는 뜻이다. 이를 통해 사내의 여러 가지 정보를 얻는 것은 물론, 다른 부서의 직원들과 자연스럽게 인맥을 형성하는 계기를 마련할 수 있다.

둘째, 활용할 수 있는 외부 자원의 범위가 몇 배로 커진다.

혼자만의 자원은 제한적일 수밖에 없다. 더욱이 신입 사원의 경우 경험도 부족한데다 외부 인맥은 거의 전무하기 때문에 활용할 수 있는 지식과 정보가 절대적으로 부족하다. 따라서 문제에 부딪혔을 때 어디서 어떻게 도움을 구해야 할지 막막하기만 하다. 그러나 여러 명의 입사 동기가 각각 가지고 있는 지식과 정보를 모두 합하게 되면 단순한 합계 이상의 효과를 거둘 수 있다.

입사 동기는 연배는 비슷하지만 학교나 전공, 그리고 각각 가지고 있는 경험과 네트워크가 다르다. 사람마다 강점이 있는 분야가 있으므로 전공과 경험이 다른 여러 사람의 '노하우(know-how)'와 '노웨어(know-where)'를 자신의 것으로 만들 수만 있다면 막대한 시너지를 얻을 수 있다.

셋째, 언젠가 업계 주요 인맥으로 함께 성장할 수 있다.

신입 사원에게 있어 입사 동기는 경력 관리의 동반자다. 신입 사원이 언제까지나 신입 사원은 아니다. 경력을 쌓아 관리자가 되고 임원이 되고 CEO가 될 수도 있다. 입사 동기는 비슷한 시기에 출발하여 비슷한 과정을 거치면서 서로 어려울 때 힘이 되어줄 수 있다. 언젠가 업계의 주요 인사로 성장했을 때에도 처음 만났던 입사 동기들은 서로 든든한 후원자가 될 것이다.

"손에 있는 새가 날아다니는 새보다 다섯 배의 가치가 있다"는 말이 있다. 이 말은 새로운 사람을 만나는 것이 이미 알고 지내온 사람을 만나는 것보다 다섯 배의 노력과 시간이 든다는 뜻이다. 새로운 인맥을 만들겠다고 팔을 걷어붙이기 전에 먼저 가까운 입사 동기를 꼽아보라. 물론 이들과 보이지 않는 경쟁관계가 형성되는 것도 사실이다. 그러나 사회생활에서 만난 사람이라고 해서 친구가 되지 말라는 법은 없다. 긍정적인 경쟁과 협조를 통해 상호 발전할 수 있는 인맥으로 만들어 보자.

 입사 동기 인맥 강화 방법

1. 입사 동기회는 무조건 참석하라.
2. 동기들의 경조사는 내가 먼저 챙겨라.
3. 경쟁 이전에 우정을 쌓아라.
4. 정보를 공유하라.

스터디 그룹에서는 공부만 한다?

중견 SI업체에서 개발자로 근무하는 입사 2년차 강동호 씨는 매주 수요일 저녁에는 약속을 잡지 않는다. 수요일은 모바일 기술과 관련된 사내 스터디 그룹이 모이는 날이기 때문이다. 선배로부터 이 스터디 그룹을 추천 받은 이후, 동호 씨는 지금까지 거의 1년을 매주 빠짐없이 참석하고 있다. 그가 이렇게 열심인 이유는 단지 지식을 얻기 위한 것만은 아니다. 12명의 스터디 그룹 회원들과의 만남이 무척 기다려지기 때문이다.

스터디 그룹은 단순 친목 차원의 동호회와는 달리 전문분야에 대한 지식과 정보가 바탕이 된다. 따라서 한 번에 2가지 효과를 얻을 수 있다. 첫째는 업무에 곧바로 적용할 수 있는 최신 지식과 정보를 얻을 수 있다는 점이다. 둘째는 공동의 관심을 가진 다른 부서 직원들과 자연스러운 만남을 가질 수 있다는 것이다.

이러한 이유 때문에 사내 스터디 그룹을 적극적으로 지원하는 회사들이 많다. 그룹 활동에 필요한 각종 경비와 세미나실 제공은 물론, 일부 기업의 경우에는 외부 강사 초청까지 지원하기도 한다.

신입 사원이 가지고 있는 업무에 대한 지식은 짧을 수밖에 없다. 그렇다고 해서 언제까지나 '아직 신입이니까……' 라는 면제를 받을 수는 없다. 사회에 발을 내딛는 순간부터 '프로' 라는 마음가짐을 가져야 한다. 이때 업무에 대한 실질적인 정보가 있다면, 게다가 거기에 관심이 많은 여러 명의 사람들과 교류를 한다면 누구보다 빨리 자신의 입지를 굳히는 것은 자명한 일이다. 스터디 그룹은 짧은 시간 내에 이런 것들을 가능하게 한다.

당신이 신입 사원이라면 지금이라도 사내에 있는 스터디 그룹에 참가하라. 만약 회사 내에 관심분야의 스터디 그룹이 없다면 직접 만들어서 운영하는 것도 한 방법이다. 처음부터 큰 규모의 그룹일 필요는 없다. 공동의 관심을 가진 사람이 두세 명만 있으면 스터디 그룹을 만들 수 있다. 두세 명을 기반으로 조금씩 참가자를 늘려 나가면 된다.

꼭 회사 내의 스터디 그룹만 고집할 필요는 없다. 공통의 관심을 가진 사람들이라면 다른 업체 사람들과도 스터디 그룹을 만들지 말란 법은 없다. 외부 스터디 그룹이라면 더 많은 지식과 정보를 얻을 수 있다. 외부 스터디 그룹에 대한 정보는 인터넷이나 각종 커뮤니티를 통해 구할 수 있다.

단, 스터디 그룹에 참가할 때는 다음의 몇 가지 사항은 꼭 기억해야 한다.

첫째, 스터디의 기본 목적은 말 그대로 '공부'다. 한 분야에 관심을 가지고 깊이 있는 정보를 교류하고 실력을 향상하기 위한 모임이니만큼 스스로 준비하지 않으면 그만큼 얻는 것도 줄어들게 된다. 아무 준비를 하지 않는다면 오히려 시간 낭비만 하는 꼴이다. 학창 시절의 기억을 되살려 충분한 예습과 복습을 해야 한다.

둘째, 반드시 업무와 관련된 스터디 그룹만 고집할 필요는 없다. 예를 들어 마케팅 스터디 그룹이라 하여 마케팅 부서의 직원만 참석하란 법은 없다. 자신의 역량을 발휘하고 업무에 적용할 수 있다면 어떤 분야라도 상관없다. 얼마나 적극적으로 참여하고, 그 안에서 배운 것들을 내 것으로 소화하느냐가 중요하다.

셋째, 스터디 그룹 회원들과의 인간관계에도 신경을 써야 한다. 정기적으로 모여서 정해진 순서대로 공부만 하고 헤어진다면 혼자 시간을 정해 공부하는 것과 다를 바 없다. 하나의 주제에 대해 관심을 가진 사람들과 모이는 기회는 그리 많지 않다. 기왕 시간을 내서 함께 모인 것이라면 그 기회를 적극 활용하라.

세상은 넓고 세미나는 많다

웹 개발업체에서 온라인 보안업체로 전직에 성공한 서주영 씨는 자신의 전직은 세미나 덕분이었다고 자신 있게 말했다. "첫 직장은 웹 개발업체였지만, 온라인 보안에 대한 관심 때문에 크고 작은 세미나에 적극적으로 참석했습니다. 이런 세미나를 통해 주요 기술이나 정보를 접할 수 있었고 업계의 동향도 파악할 수 있었죠."

아울러 세미나에 참석한 업계 종사자들과도 인사를 나눌 수 있게 되었다. 원래 사교적이고 싹싹한 성격의 서주영 씨는 '이것이 기회가 될 수 있겠구나' 하고 생각했고, 세미나가 끝난 이후에도 그들과 수시로 연락을 주고받으며 인맥을 관리했다. 그리고 그들에게 기회가 될 때마다 온라인 보안 관련 일을 하고 싶다는 것을 주지시켰다.

그러던 중 제법 규모가 크고 인지도가 높은 업체에 근무하는 분으로부터 충원 계획이 있다는 이야기를 들었고, 사내 추천 형식을 통해 성공적으로 전직할 수 있었다.

세미나의 가장 기본적인 목적은 신기술과 최신 정보를 얻는 것이다. 최신 정보를 습득하고 바로 업무에 적용할 수 있다면 그것만으로도 소기의 목적은 달성한 것이다. 그러나 당장에 업무에 적용할 수 있는 세미나가 아니라 하더라도 전략을 세우고 참석한다면 생각보다 훨씬 많은 것을 얻을 수 있다.

한 가지는 업계에 대한 흐름을 파악하여 큰 그림을 그릴 수 있다는 점이다. 똑같은 일을 하더라도 큰 그림을 파악하지 않고 매번 주어진 대로만 일을 하다 보면 곧 매너리즘에 빠지고 만다. 그 때문에 정기적으로 세미나에 참석하여 업계의 최신 동향을 항상 인지할 수 있도록 촉각을 세워야 한다. 그리고 무엇보다 외부 인맥이 취약한 신입 사원에게 세미나는 외부 인맥을 만드는 좋은 기회가 된다. 자신과 비슷한 일을 하거나 같은 분야에 관심을 가진 사람들과 한자리에서 만나는 것은 쉽지 않다. 특히 세미나의 강사나 발표자로 초청되는 사람들은 업계의 주요 인물이나 리더급 인사들이다. 업계에 갓 입문한 신입 사원에게 이보다 더 좋은 기회가 어디 있겠는가?

스터디 그룹이 주로 사내 인맥을 넓히기 위한 활동이라면 세미나는 사외 인맥 넓히기의 장으로 생각해야 한다. 따라서 그저 정보만 얻는 데 그치는 것이 아니라, 더 적극적으로 인맥을 넓히겠다는 자세로 세미나에 참석해야 한다. 그렇다면 세미나를 통해 인맥을 넓히기 위해서는 어떤 전술이 필요할까?

첫째, 세미나가 시작하기 적어도 15분 전에 도착하라.

여유를 가지고 도착하여 일찍 등록하고 교재를 받은 후, 발표자와 눈이 마주칠 수 있는 앞자리에 자리를 잡도록 하라.

간단히 교재를 훑어보는 것은 괜찮지만 15분 동안 교재만 뚫어지게 바라보고 있으면 곤란하다. 이 시간은 예습을 위한 시간이 아니라 분위기를 파악하고 참석자들과 적응하는 시간이다. 따라서 참석자들을 찬찬히 살펴보고 가볍게 목례를 나누면 된다. 같은 테이블에 앉은 사람들과는 자연스럽게 인사를 나누고 세미나 주제에 대해 가벼운 대화를 하는 것도 좋다. 명찰을 나누어 주는 경우라면 접수대에서 어느 회사의 누가 참석하는지 쭉 살펴볼 필요도 있다.

둘째, 참석자들과 명함을 교환하라.

일찍 도착한 참석자들과는 미리 명함을 교환해 두고, 세미나가 끝난 후 나머지 참석자들과도 명함을 주고받아라. 대규모 세미나인 경우, 모든 사람의 명함을 받을 수는 없겠지만 가까운 테이블에 앉은 사람들과는 명함을 교환하는 것이 좋다. 그리고 가능하다면 주최측으로부터 참석자 명단을 받을 수 있는지 확인하라.

셋째, 세미나가 끝난 후 발표자에게 반드시 인사를 건네라.

이미 앞에서도 말했지만 세미나의 강사나 발표자는 업계의 주요 인물이며 적어도 그 업계에서는 영향력을 가진 사람이다. 이런 사람들과 안면을 익혀 두는 것은 절대적으로 중요하다. 대개 발표가 끝날 때 발표자는 자신의 이메일 주소 등 연락처를 공개하는데, 대부분의 사람들이 그것만 노트에 적고는 슬그머니 빠져나가 버린다. 하지만 적극적으로 인맥 관리를 하는 사람들은 이 기회를 절대 놓치지 않는다.

발표자에게 다가가서 자신의 명함과 함께 "○○사의 누구누구입니다" 하고 인사를 건네라. 더불어 상대방의 명함도 받도록 하라. 이때 세미나 내용 중 인상적이었던 부분을 언급하거나 궁금한 점을 물어보는 것도 좋다. 중요한 것은 단지 명함을 주고받는 것이 아니라 가능한 한 상대방이 당신을 기억하도록 만드는 것이다.

넷째, 세미나가 끝난 후 이메일을 보내라.

이메일 발송 대상은 발표자와 인사를 주고받은 참석자들이다. 발표자에게는 인사와 함께 세미나 내용에 대한 소감을 적으면 된다. 명함을 건네며 인사했지만, 발표자는 수많은 사람들과 비슷한 인사를 나누었을 것이므로 기억 못할 가능성이 높다. 따라서 상대가 자신을 기억해 낼 수 있도록 자신에 대한 소개를 다시 한번 해야 한다. 인사를 주고받은 참석자들에게는 간단한 자기 소개와 인사, 그리고 향후 업무상으로 도움을 주고받을 수 있기를 바란다는 내용을 적으면 된다. 이메일은 세미나 후 적어도 1주일 이내에 보내는 것이 좋다.

세상은 넓고 세미나는 많다. 신입 사원이라고 외부 인맥을 먼 곳의 이야기로만 생각할 필요는 없다. 사람을 만날 수 있는 곳이라면 어디서든 인맥을 만들 수 있다. 세미나는 지식과 정보의 보고인 동시에 인맥의 보고이다. 단, 어떻게 활용하는가에 따라서 말이다.

'다음'은 다음 기회에……

인터넷이 우리 생활을 많이 바꿔 놓았다. 가장 큰 변화 중 하나가 바로 의사소통 방식의 변화다. 예전에는 사람을 만나서 대화를 나누고 정보를 교환하는 것은 대면적 상황, 즉 얼굴을 마주보는 상황에서만 가능했다. 또한 일 대 일 또는 일 대 다수 형식의 의사소통만이 있었다. 그러나 인터넷이 등장하여 얼굴을 마주볼 필요 없이 여러 사람들이 동시에 의사소통을 할 수 있게 만들었다.

인터넷은 인맥의 폭발적 확장을 가능하게 하는 중요한 수단이다. 요즘 직장인 중에 온라인 커뮤니티 한두 개쯤 가입하지 않은 사람은 드물다. '다음'이나 '프리챌'과 같은 온라인 커뮤니티 사이트에는 100만 개에 육박하는 커뮤니티가 운영되고 1천만 명 이상의 사용자들이 날마다 접속하고 있다.

그런데 혹시 현재 당신이 가입되어 있는 온라인 커뮤니티가 초등학교나 중학교 동창 커뮤니티가 전부인 건 아닌가? 온라인 커뮤니티라고 하면 동창회 모임부터 떠올리는 이들이 많다.

실제로 다음 카페의 경우 2만 7천 개의 동창회 모임이 개설되어 분류별로 가장 많은 수를 차지하고 있다. 프리챌의 경우도 마찬가지로 8,500개의 동창회가 개설되어 있다. 미국 등 선진국의 경우, 여행, 스포츠, 건강 등 취미나 정보와 관련된 커뮤니티가 가장 활발한 것과는 대조적인 모습이다.

동창 모임도 좋지만 새로운 사람을 만나고 전문 정보를 나누며 커리어를 성장시켜 나갈 수 있는 만남의 장으로 온라인 커뮤니티를 활용해 보자. 특히 신입 사원이라면 현직에 종사하는 사람들이 많이 가입되어 있는 커뮤니티 가입은 필수다. 한 가지 명심할 점은 온라인 커뮤니티는 다음이나 프리챌 같은 커뮤니티 사이트에만 있는 것은 아니란 점이다.

공동의 관심을 가진 사람들이 모여 별도의 사이트를 개설한 경우, 더 다양한 정보와 서비스를 제공하기도 한다. 따라서 자신의 목표와 관심 분야에 맞는 온라인 커뮤니티를 적극적으로 찾아 가입하는 노력이 필요하다.

아직도 '다음'에서 동창회 카페만 뒤적거리고 있는가? 그렇다면 지금이라도 넓고 넓은 인터넷의 바다에 뛰어들어 나에게 꼭 맞는 보석 같은 커뮤니티를 찾아보자.

이런 온라인 커뮤니티 꼭 가입하자!

1. 직장인 관련 커뮤니티

직장인 커뮤니티 사이트에서는 직장인을 위한 각종 정보와 맞춤 서비스를 제공받을 수 있다. 연봉 협상 전략이나 업무에 필요한 각종 서식류를 다운받을 수 있으며 직장인에게 꼭 필요한 법률 정보와 구인·구직 정보도 얻을 수 있다. 그리고 성공 전략과 직장 내에서의 처세 등에 관한 유용한 사례들을 제공하는 곳도 있다. 뿐만 아니라 다른 직장인들의 생생한 경험담을 공유할 수 있기 때문에 회사에서 차마 털어놓지 못한 인간관계의 어려움과 고민을 호소하고 도움을 받을 수 있다.

대표 사이트로 샐러리맨(www.sman.co.kr), 석세스피아(www.successpia.co.kr) 등이 있다.

2. 직종 관련 커뮤니티

전문직 종사자의 경우 각 직종별 전문가 협회나 단체에서 운영하는 사이트가 있다. 그런데 협회나 단체가 있는 전문직이 아니더라도 각 직종별 종사자들의 모임은 얼마든지 찾을 수 있다.

예를 들어 IT 업계의 마케팅이나 기획 직종에 근무하는 직장인들의 동호회인 'e공감(www.itiscom.co.kr)', 총무부서 직원들을 위한 '총무닷컴(www.chongmu.com)', 전문 비서들의 모임인 '비서협회(www.kaap.org)' 등 세분화된 직종별 커뮤니티를 찾아 가입하면 된다.

이런 직종 관련 커뮤니티에서는 업무와 관련한 주요 정보와 자료를 제공받을 수 있으며, 동종업계 종사자들과 쉽게 만날 수 있어서 매우 유용하다. 관심분야가 비슷한 사람들끼리 모이는 만큼 온라인에서 시작한 모임이 오프라인으로까지 발전되는 경우도 많기 때문에 인맥 형성에 큰 도움이 된다.

3. 경제 관련 커뮤니티

직장 생활을 하루 이틀하고 말 것이 아니라면 경제 감각을 키우는 것은 필수적이다. 경제 감각은 간부나 임원이 되었을 때나 필요할 것이라 생각하면 오산이다. 신입 사원 때부터 몸에 익히지 않으면 후에 내 것으로 받아들이기 무척 어려운 것이 바로 경제 감각이다. 경제가 어떻게 돌아가는지를 이해하고 그것을 자신의 업무에까지 적용해 보는 것이 경쟁력의 시작이다. 특히 이런 커뮤니티를 통해 만난 여러 분야의 사람들은 장기적으로 중요한 인맥의 징검다리가 될 수 있다.

대표 사이트로 삼성경제연구소(www.seri.org)의 온라인 포럼, 한국경제신문 커뮤니티(clubmall.hankyung.com) 등이 있다.

8장 관리자 : 인맥 형성의 황금기를 즐겨라

사내 소식통, 리셉셔니스트와 친하게 지내라

어느 IT 솔루션 회사에 근무하는 리셉셔니스트는 유난히 마음에 들지 않는 직원을 찾는 손님에겐 자신도 모르게 쌀쌀맞게 대하게 된다고 털어놓았다. "아무리 사무실 입구에서 손님을 맞고 잔심부름을 하는 것이 제 일이라고 하지만 정 부장은 개인적인 일까지 너무 아무렇지 않게 맡겨요. 정말 자존심 상하는 일이죠." 게다가 "사장님만 나타나면 허리가 90도로 숙여지면서, 안내 데스크 앞에서는 눈인사 한 번 하지 않고 지나가는 것도 짜증나죠." 하고 말한다.

대부분의 회사에서는 안내 데스크가 있다. 회사를 찾아온 손님을 안내하고 걸려온 전화에 응대하는, 자칫 단순해 보이는 업무를 맡고 있기 때문에 리셉셔니스트라고 하면 업무상 도움을 주고받을 일이 없다고 생각한다. 중간 관리자쯤 되면 말단 직원인 리셉셔니스트는 안중에도 없는 경우가 많다.

하지만 리셉셔니스트는 관리자의 이미지를 결정하는 데 큰 역할을 할 수 있다. 자신을 찾아온 방문객이 가장 먼저 만나는 사람일 뿐 아니라, 부재중일 때 자신의 전화를 대신 받아주는 사람이 리셉셔니스트다.

"정진태 부장이요? 지금 자리에 없는데 나중에 다시 전화하세요", "언제 들어올지 몰라요" 하고 퉁명스러운 목소리로 성의 없이 전화를 끊는다면 당신에 대한 이미지는 완전히 무너지고 말 것이다. 반대로 "아, 네. 죄송합니다만 정진태 부장은 지금 고객사 방문으로 외출 중입니다. 2시 쯤에 돌아올 예정인데, 메모를 남겨 주시면 제가 전달해 드리겠습니다." 이 정도의 응대라면 상대방은 당신이 회사에서도 매우 신망을 받고 있다고 느끼게 된다.

비단 대외적인 이미지뿐만이 아니다. 사내에서도 관리자의 이미지를 제고하는 데에는 리셉셔니스트의 역할이 무척 크다. 리셉셔니스트는 직위 고하를 막론하고 모든 직원들과 연결되는 자리이기 때문에 자연스럽게 '어느 부서의 누구는 성격이 어떻더라' 는 식의 직원들에 대한 평판이 오가게 된다. 특히 한 부서에서 함께 일해 보지 않은 타 부서 직원들에게는 이러한 평판이 자칫 당신의 이미지를 결정해 버리는 수도 있다.

또, 리셉셔니스트는 회사로 오는 문의나 고객을 직원과 연결해 주는 역할을 한다. 특히 영업을 하는 사람이라면 이 부분은 곧바로 실적과 연결될 수 있으므로 매우 중요하다.

한 보험회사의 인바운드 콜센터에 근무하는 송민정 씨는 가끔씩 보험 가입 문의를 해오는 고객의 전화를 받는다. 보험 가입을 직접 처리할 수는 없기 때문에 이런 전화는 영업 사원에게 전달을 하게 되는데 평소 마음에 드는 사람에게 넘긴다고 한다.

리셉셔니스트와의 관계를 잘 유지해야 하는 가장 중요한 이유로 사내 소식의 거점이 된다는 것을 꼽을 수 있다. 안내 데스크에는 외부에서 온 손님만 스쳐가는 것처럼 보이지만, 사실 이곳은 모든 직원이 매일 몇 차례씩 드나드는 곳으로 정보의 사랑방과 같은 역할을 한다.

여러 부서의 사람들과 접촉하다 보면 자연스레 각 부서의 소식을 알게 된다. 따라서 리셉셔니스트는 이러한 소식을 전달해 주는 사내 정보 전달자가 될 수 있다. 가끔은 미처 예상하지 못한 정보가 직장 내 처세에 큰 도움이 되기도 한다.

흔히 직급이 낮고 궂은 일을 하는 사람들을 우습게 보는 경향이 있다. 그러나 인맥은 윗사람에게 잘 보이면 되는 줄서기가 아니다. 오히려 이런 아랫사람들이 지지하는 관리자야말로 진정으로 인정받는 윗사람이 될 수 있다.

리셉셔니스트와 친하게 지내기 위한 방법

첫째, 절대 무시하는 태도를 보이지 말라.

리셉셔니스트도 엄연한 전문분야로 인정해야 한다. '까짓, 전화받고 응대하는 게 뭐 어려울까'라는 생각은 애초부터 잘못된 것이다. 만약 리셉셔니스트가 없다면 고객 서비스는 당장에 엉망이 되어 버리고 말 것이다.

둘째, 복사, 타이핑, 커피 심부름을 벗어나 때로는 조금 수준 높은 일을 부탁하라.

평소의 업무보다 수준이 높은 일을 부탁받으면 자신이 중요한 업무를 하고 있다는 생각이 들고 일에 대한 동기부여가 생기게 된다. 또한 그만큼 자신을 인정해 준 사람에 대한 신뢰가 쌓이게 된다.

셋째, 친절함을 잃지 말라.

하루에도 몇 번씩 지나치게 되는 안내 데스크. 아침에 한 번 눈인사를 했으니 그만이라 생각하지 말고 지날 때마다 가볍게 인사를 나눠라. 그리고 관리자라는 권위주의는 벗어버리자. 아마 당신을 보는 눈이 달라질 것이다.

리셉셔니스트 외에도 꼭 챙겨야 할 사람들

- **비서** 사장이나 임원실에 근무하는 비서는 당신이 결재를 받으려 하거나 보고를 해야 할 때 사장의 스케줄을 일일이 확인해야 하는 수고를 덜어줄 수 있다. 무엇보다 사장의 신임을 받고 있는 비서의 입김은 상상 외로 강하다. 비서의 지나가는 말 한마디가 당신의 포지션에 큰 영향을 미칠 수 있다는 점을 항상 염두에 두라.
- **경리과 출납 여직원** 대개 출납 여직원은 회사를 통틀어 가장 어리다. 그러나 '고등학교를 갓 졸업하고 입사한 신출내기와 무슨 인맥이랴?'라는 생각은 절대 금물이다. 그들은 작은 부분에서 당신의 성가신 업무를 깔끔하게 해결해 줄 수 있다.
- **건물 경비원과 청소 아주머니** 출근 시간에 당신을 가장 먼저 맞는 사

> 람은 경비원과 청소 아주머니다. 그들은 조용히 자리를 지키고 있지만 건물 내의 모든 사람들과 가장 가까이 있는 사람들이다. 그들 또한 가까이 지내면 작지만 큰 도움을 받을 수 있다. 예컨대 주차장이 부족하다거나 화물용 엘리베이터를 급히 사용해야 할 때는 사장보다 경비원의 도움이 훨씬 크게 느껴질 것이다.

직속 부하를 아껴라

직장인의 체감정년이 38세라는 조사 결과가 나온 적이 있었다. 실제로 헤드헌팅 회사로 들어오는 구인 의뢰 중 40세 이상을 채용하겠다는 비율은 급격히 줄었다.

14년 동안 대기업에서 근무한 한만수 차장은 얼마 전 구조조정의 소용돌이에 휘말려 결국 명예퇴직을 선택하고 말았다. 그는 14년을 몸바쳐 뛰어온 직장에서 한순간에 내몰리고 나니 한숨밖에 나오지 않았다. 그런데 같은 시기에 명예퇴직을 한 김백신 부장이 벤처기업의 마케팅 이사로 자리를 옮기는 것을 보고 그는 더욱 큰 충격을 받았다.

김백신 부장을 벤처기업으로 부른 이는 다름 아닌 예전 김 부장의 부하 직원이었다. 김 부장 밑에서 4년을 근무했던 그 부하 직원은 몇해 전 벤처 붐을 타고 벤처기업으로 자리를 옮긴 터였다. 사실 한 차장은 그 부하 직원이 벤처기업으로 옮길 때 '어떻게 4년을 함께 일해 온 김 부장을 배신할 수 있을까?' 라며 내심 괘씸하게 여겼었다. 그런데 오히려 김 부장은 아무렇지도 않게 "어딜 가더라도 지금처럼 최선을 다하고, 혹시 어려운 일이 있으면 언제라도 연락하라"며 격려를 아끼지 않는 것이었다.

그렇게 퇴사를 한 후에도 김 부장은 가끔씩 그 부하 직원과 연락을 주고받으며 지냈는데, 마침 마케팅 이사 자리가 비게 되자 그가 강력히 김 부장을 추천한 것이었다. 회사 입장에서도 실력이 검증된 김 부장을 이사로 맞이하게 되어 상당히 만족스러워 하는 상황이다.

이렇게 부하 직원은 언젠가 은인으로 만날 수도 있고 원수로 만날 수도 있다. 예전에는 한 번 부하 직원은 영원한 부하 직원이었다. 노동시장이 경직되어 있는 상황에서는 신입 사원으로 입사한 후 정년 퇴직할 때까지 한 직장에 몸담는 것이 당연했기 때문에 조직 구성도 상명하달식의 권위적인 모습이 대부분이었다. 마치 군대의 조직을 보는 것과 다름없었다.

그러나 더 이상 직장 조직은 군대 조직과 같을 수 없다. 이제는 수직보다는 수평적인 의사소통이 중요하다. 상명하달식 의사결정보다 통합적인 의사결정이 통하는 사회가 되었다. 상사와 부하 직원의 관계 또한 더 이상 지배와 복종의 관계가 아니다. 어제의 부하 직원을 언제 어디서 다시 만날지 알 수 없다.

또한 직속 부하가 상사의 능력을 결정하기도 한다. 상사와 부하 직원은 동전의 양면과 같은 관계다. 부하 직원의 능력을 평가하는 것은 상사지만, 부하 직원의 실수는 곧 상사의 능력에 대한 평가로 직결된다. 특히 최근에는 투명한 인사 관리를 위해 상사뿐 아니라 동료, 부하 직원의 평가까지 반영하는 '다면평가제도'를 도입하는 기업이 늘고 있다. 실제로 IBM, GE, 필립스, FedEX 등 세계적인 기업에서는 이미 다면평가제를 도입했다. 상사는 물론 동료, 부하 직원, 그리고 고객들의 평가를 인사 관리에 반영하고 있다.

직속 부하와의 신뢰와 공감대 형성 없이 리더십을 인정받는다는 것은 거의 불가능하다. 부하 직원에게서 인정받지 못하는 사람은 상사에게서도 인정받기 어려운 법이다. 아울러 부하 직원의 인맥을 우습게 보면 안 된다.

상사도 부하 직원의 인맥을 활용할 준비가 되어 있어야 한다. 사회 생활을 몇 년 하다 보면 소위 신선한 인맥은 점점 사라지게 마련이다. 젊고 창의적이고 톡톡 튀는 아이디어가 필요할 때는 부하 직원의 인맥을 곧바로 활용할 수 있다. 자신이 갖고 있지 않은 분야의 인맥을 부하 직원이 갖고 있는 경우도 많다. 그리고 현재는 대단한 인맥을 가지고 있지는 못한 부하 직원도 언젠가는 경력이 쌓일 것이고 인맥 또한 넓어질 수 있다. 그러므로 언제나 부하 직원의 주변에 대한 관심을 잊지 말아야 할 것이다.

상사와 직속 부하의 관계는 앞에서 당겨주고 뒤에서 밀어주는 관계여야 한다. 부하 직원을 아껴야 한다고 해서 무조건 부하 직원에게 잘해 주어야 한다는 뜻은 아니다. 권한의 위임과 책임 소재가 분명한 업무 처리, 따뜻한 관심과 인간적 배려, 그리고 부하 직원의 경력 개발을 위한 적극적인 지지가 필요하다.

 부하 직원과 좋은 관계를 유지하기 위한 6가지 방법

1. 먼저 솔선수범한다.
2. 칭찬은 큰 소리로 한다.

3. 꾸중이나 비판은 따로 불러서 조용하지만 단호하게 한다.
4. 부하 직원의 개인사에 관심을 갖는다.
5. 다른 사람과 비교하지 않는다.
6. 허심탄회한 대화의 기회를 자주 가진다.

주요 부서에 내 사람을 심어라

직급이 올라갈수록 사내 인맥 관리는 더 중요해진다. 신입 사원 시절에는 일을 잘하는 것만으로도 인정을 받을 수 있지만, 관리자가 되면 업무뿐 아니라 원만한 대인관계와 커뮤니케이션이 능력의 중요한 잣대가 된다. 더욱이 최근에는 예전의 수직적인 피라미드식 조직이 붕괴되고 네트워크식 조직이 확산되고 있기 때문에 사내에서의 인맥 관리는 필수적인 요소가 되고 있다.

전자상거래 업체에 재직 중인 나진주 과장은 최근 사이버 명품관 프로젝트의 신규 사업팀 리더로 선발되었다. 물론 위로 본부장이 있긴 하지만 서비스 기획팀의 과장이었던 그가 리더로 선발된 것은 상당히 이례적인 일이었다. 이 프로젝트는 회사의 중장기 주요 전략의 일환으로 회사 차원에서 전폭적인 지지를 받는 것이었다. 프로젝트의 성과에 따라서 특별 진급까지 가능하고 이후 사내 벤처로 키운다는 소문도 들렸다.

나진주 과장에게 이런 행운이 올 수 있었던 것은 그의 평소 사내인맥 관리 덕이라 해도 과언이 아니다. 나 과장은 회사 내 여러 부서에 두루두루 폭넓은 인간관계를 맺고 있었다. 이번 인사에 나 과장을 추천한 것도 그가 소속되어 있던 서비스 기획팀이 아니라 신규 사업팀의 본부장이었다. 각 부서 책임자들이 모인 인사위원회에서도 나 과장만 한 적임자가 없다는 평가를 받았다.

사내 인맥 관리는 크게 2가지 측면에서 그 중요성을 살펴볼 수 있다. 한 가지는 앞에서 말한 것처럼 원만한 커뮤니케이션을 위해서다.

관리자의 위치에서는 부서 내에서의 커뮤니케이션도 중요하지만 여러 부서 간의 협조를 이끌어내야 하는 경우가 많다. 예컨대 마케팅 부서에서 아무리 훌륭한 프로모션 기획을 했다 하더라도 영업 부서에서 협조하지 않으면 좋은 성과를 거둘 수 없다. 또 R&D 부서에서 아무리 좋은 제품을 개발했다 하더라도 제대로 생산이 되지 않으면 아무 소용이 없다. 그런데 종종 사내 정치나 부서 이기주의, 또는 무관심 등으로 인해 일이 무산되어 버리는 경우가 있다.

공식적 절차에 의한 커뮤니케이션에는 한계가 있는 법이다. 이럴 때 해당 부서의 동급 관리자나 실무자와 원만한 인간관계가 형성되어 있다면 어떨까? 그가 윤활유 역할을 해줄 수 있을 것이다. 또 직접적으로 관련된 부서가 아니라 하더라도 자신이 하는 일에 대해 긍정적 지지를 해줄 수 있는 사람이 많다면 그것만으로도 일의 절반은 성공하는 셈이다.

사내 인맥 관리가 중요한 다른 한 가지 이유는 정보의 관리를 위해서다. 직급이 올라갈수록 정보는 더 중요해진다. 같은 정보라도 신입사원이 가진 것과 관리자가 가진 것은 활용도의 측면에서 천지차이다. 왜냐하면 관리자가 되면 그만큼 의사결정 권한의 폭이 넓어지기 때문이다. 다시 말하면 정확한 의사결정과 관리자로서의 경력 관리를 위해서 정보를 수집하는 것은 필수적인 요소다.

사내 각 부서의 정보를 수집하는 것은 관리자로서 큰 안목을 갖게 하는 데 중요한 역할을 한다. 많은 관리자들이 눈썹이 휘날리도록 바쁘게 뛰고 있지만 정작 중요한 것은 놓쳐 버리는 일이 다반사다.

관리자는 나무를 보는 것이 아니라 숲을 보아야 한다. 회사 전체의 전략과 목표는 무엇이며 그를 위해 어느 부서에서 어떤 일을 하고 있는지에 대해 늘 촉각을 곤두세워야 한다. 다른 부서의 인맥은 이런 정보의 안테나 역할을 해준다.

어떤 사람은 늘 열심히 뛰어도 제자리인 반면 어떤 사람은 가만히 앉아서도 천리를 내다본다. 이것이 바로 인맥 활용의 차이다. 단, 파벌을 만들어 배타적인 끼리끼리 문화를 형성하는 것은 누구에게도 도움이 되지 않는다는 사실을 항상 염두에 두어야 한다.

다른 부서에 내 사람 만들기 수칙

1. 다른 부서의 일에도 관심을 기울이고 정보를 교환한다.
2. 사내 행사는 다른 부서 직원들과 가까워질 수 있는 절호의 기회다. 사내 행사에 적극적으로 참여한다.
3. 휴게실을 공략한다. 휴게실은 여러 부서 직원들이 함께 이용하는 곳이다. 다른 부서 직원들과 자연스럽게 만나고 대화를 나눌 수 있다.
4. 다른 부서의 업무 협조를 구할 때는 문서만 주고받지 말고 직접 담당자를 만난다. 직접 만남으로써 매끄러운 일 처리는 물론, 더욱 가까운 관계로 발전할 수 있다.

떠난 사람이 인맥을 부른다

직장 규모나 분위기에 따라 조금은 다르겠지만 아마도 서너 달에 한두 번 정도는 동료들의 송별회를 할 것이다. 그런데 송별회가 떠나는 사람과의 마지막 자리가 되어 버리는 것은 곤란하다. 왜냐하면 떠나는 사람은 인맥 확장의 중요한 중개자가 될 수 있기 때문이다.

회사를 떠난 사람이 같은 업계 내에서 회사만 바꾸어 이직을 한 경우라면 같은 업무의 연장선상에 있기 때문에 지속적인 교류를 통한 인맥 관리가 가능할 것이다. 업종을 바꾸어 이직하더라도 비슷한 업무를 하는 자리로 옮겼다면 이 또한 전문분야의 정보를 서로 주고받을 수 있다. 만약 개인 사업을 하기 위해서, 혹은 전혀 다른 일을 시작하기 위해서 회사를 떠난 경우라면 새로운 분야의 인맥으로 연결이 가능하다.

이와 같이 떠나간 사람은 민들레 홀씨처럼 어딘가 새로운 조직, 새로운 사람들 속에서 다시 뿌리를 내릴 것이다. 따라서 떠난 사람과의 인맥을 잘 관리하는 것만으로도 인맥 확장의 주요 계기를 마련해 볼 수 있다. 그렇다면 떠난 사람을 어떻게 확실한 내 인맥으로 챙길 수 있을까?

첫째, 송별회에서는 술만 마시지 말고 연락처를 반드시 주고받도록 하자.

'회사에서 쓰던 주소록이나 명함이 있으니 따로 연락처까지 주고받을 필요가 있을까?'라고 생각하면 오산이다. 회사 명함에 있는 연락처는 십중팔구 회사에서만 사용 가능한 것이다. 전화번호나 이메일 모두 회사에서 발급된 것이므로 떠나고 나면 의외로 연락이 잘 안 되는 경우가 종종 있다. 그러므로 개인 메일과 연락처는 반드시 따로 메모해 두는 것이 좋다.

둘째, 옮기는 곳이 어디인지 파악하도록 하자.

특별한 사정이 있는 것이 아니라면 옮기는 곳이 어디인지, 혹은 어떤 계획을 가지고 회사를 떠나는지 자연스럽게 알 수 있을 것이다.

셋째, 떠난 후에도 개인적인 만남을 갖도록 하자.

가까운 사이라면 회사를 떠난 후에도 가끔 만날 수 있겠지만 그렇지 않은 경우라면 일부러 시간을 내어 개인적인 만남을 가지기는 어렵다. 이럴 때는 상대방이 근무하고 있는 회사 근처를 지나는 길에 연락을 해보는 것도 하나의 방법이다. 지나는 길에 잠시 들러 차 한 잔 함께 나누며 회사 소식이나 이런저런 이야기를 나눈다면 오히려 같은 직장에서 근무할 때보다 더 가까운 사이가 될 수도 있다. 단, 무례하게 불쑥 상대방을 찾아가 놀라게 한다거나 귀찮게 하는 것은 금물이다.

직장생활을 하다 보면 '어디 어디 출신'이라는 꼬리표가 항상 따라 다닌다. 그만큼 자신이 머물렀던 곳이 중요하다는 뜻이다. 한 직장에서 정년까지 근무하든, 아니면 2~3년에 한 번씩 회사를 옮기든 한 번 맺은 인연을 소중하게 생각해야 한다. 언젠가는 당신이 떠난 사람이 될 수도 있기 때문이다.

당신이 떠나는 사람이 되는 경우, 인맥 관리를 위한 현명한 방법

1. 유종의 미를 거둬라. 떠나는 마지막 순간까지 자신의 업무 마무리와 인수인계는 철저히 해야 한다.
2. 사내 주소록과 연락처는 꼭 챙겨라. 지금은 보고 싶지 않은 사람에게 먼저 연락할 일이 생길지도 모른다는 사실을 기억하라.
3. '떠날 때는 말없이……'는 옛말이다. 특별한 사정이 있는 경우가 아니라면 당당하게 무슨 이유로 회사를 떠나는지, 어디로 옮길 것인지를 밝혀라.
4. 떠난 후에도 가끔은 소식을 전하라. 떠나온 직장은 친정과 같다. 자신이 현재 어디서 무엇을 하고 있는지 옛 동료나 상사들에게 소식을 전하라.
5. OB(Old Boy, 퇴사자) 모임에 참가하여 동료애를 나눠라. 모든 회사마다 OB 모임이 있는 것은 아니지만, 많은 기업체에 그 회사 출신자를 위한 모임이 있다. 최근에는 입사 동기를 찾아주는 온라인 커뮤니티도 생겼다.

● 삼성OB닷컴(www.samsungob.com)
삼성중공업 상무 출신인 구희득 씨가 개설한 사이트로, 삼성 출신자를 위한 헤드헌팅 서비스를 제공한다.

● LG Family(www.flg.co.kr)
LG화학 퇴직자 및 재직자를 위한 커뮤니티 사이트로, 친목 도모, 동호회 활동, 각종 뉴스와 구인·구직, 무료 메일 서비스, 경력증명서 발급 기능을 제공한다.

● 삼성석유화학 OB스페이스(www.myspc.com)
삼성석유화학 퇴직 임직원의 공간으로, 재취업, 경조사 정보 제공 및 임원 소모임과 지역별 소모임을 운영한다.

● 현건사랑(love.hdec.co.kr)
현대건설 퇴직자와 재직자를 위한 인터넷 커뮤니티로, 회사와 관련된 주요 뉴스, 동호회, 옛 동료 찾기 등의 기능이 있다.

● 동양화재 퇴직사우포럼(www.insuworld.co.kr)
동양화재 전·현직 사우를 위한 커뮤니티다.

경쟁사의 동급 관리자, 적군일까 아군일까

어느 조직에서나 상급자로 올라갈수록 정보의 중요성은 더 커진다. 특히 경쟁 관계에 있는 조직의 정보라면 그 가치가 더 클 수밖에 없다. 이런 차원에서 중간 관리자의 인맥 관리에서 빼놓을 수 없는 것이 바로 경쟁사의 동급 관리자 인맥이다. 같은 업종, 비슷한 규모의 기업체의 사람들과의 관계는 정보 교류와 더불어 업계 동향 파악의 첩경이 된다.

인터넷 교육업체의 교육과정 개발팀장인 최진영 씨는 졸업 후 지금까지 오프라인 교육분야에서 경력을 쌓아 오다 최근에 헤드헌터를 통해 자리를 옮겼다. 처음 이직할 때는 인터넷 교육이라 해도 자신의 오프라인 경험을 인터넷으로 옮기기만 하면 된다고 생각했다.

하지만 막상 실무를 접해 보니 오프라인 경험과 인맥뿐인 그로서는 답답한 문제가 한두 가지가 아니었다. 특히 인터넷 교육의 선두격인 타 회사로부터 이직해 온 부하 직원이 사사건건 전 직장과 비교하며 은근히 팀장인 자신을 무시하는 듯한 태도를 보였다.

그러던 얼마 전 최진영 씨는 수소문 끝에 경쟁업체에서 교육기획 팀장으로 근무하고 있는 전 직장 동료 노미란 씨와 연락을 하게 되었다. 노미란 씨는 3년 전 이미 인터넷 교육분야로 이직을 한 상태라 업계 동향과 소식을 접할 수 있었고, 교육기획 담당자 모임도 소개받을 수 있었다. 뿐만 아니라 문제의 부하 직원에 대한 전 직장에서의 실적과 평판까지 정확히 알게 되었다. 이쯤 되자 회사 내부에서 최진영 씨에 대한 평가는 상당히 높아졌고, 부하 직원의 태도도 180도 바뀌게 되었다.

관리자로서 경력 관리를 하는 데 있어 경쟁사의 인맥은 무척 중요하다. 무엇보다 경쟁사의 동급 관리자는 상대 기업을 파악하는 데 큰 도움이 된다. 또 이러한 인맥은 업계 인맥을 넓히는 데 큰 기여를 할 수 있다. 중간 관리자는 어느 기업에서나 허리 역할을 하기 때문에 동급 관리자 간의 교류는 상하 인맥 확장의 교두보가 될 수 있다.

그런데 이 정도의 자연스러운 정보 교류와 인맥 확대가 가능하기까지는 적지 않은 노력이 필요하다.

첫째, 업계의 동종 부서 관리자 모임이 있다면 반드시 참가해야 한다. 이런 모임은 차려진 밥상과 같다. 같은 모임에 참석해도 그것을 최대한 활용하는 사람이 있고 시간만 낭비하는 사람이 있다. 얼마나 많은 영양분을 섭취하는가는 자신의 몫이다.

둘째, 정규 모임이 없다면 다양한 경로를 통해 소개를 받아보자. 모임이 없다고 해서 가만히 손놓고 있어서는 곤란하다. 같은 업계에 있는 사람이라면 한두 명만 거치면 소개를 받을 수 있다.

셋째, 정보 교류는 투명해야 한다. 정보는 주고받는 것이 원칙이므로 내가 받은 것 이상을 주어야 한다. 좋은 정보를 얻기 위해서는 꼭 그만큼의 좋은 정보를 주어야 한다는 의미다.

그런데 정보를 주고받는 것 이전에 반드시 염두에 두어야 할 것이 있다. 바로 정보 교류의 투명성이다. 만약 불순한 의도로 정보가 교류된다면 건전한 인맥으로 발전할 수 없을 뿐 아니라 회사의 운영에도 치명적인 문제를 일으키게 될 수도 있다.

앞에서 말한 공식적 모임은 이런 투명성을 보장하는 데 도움이 된다. 비공식적인 교류라 하더라도 정보를 주고받는 것은 분명한 경계가 필요하다. 회사의 기밀이나 공개되지 않은 사항에 대해 떠벌리고 다니는 것은 스스로 무덤을 파는 행위다.

비즈니스의 세계에선 영원한 적도 영원한 아군도 없다. 상대방을 어떤 관계로 만드는가는 바로 자신에게 달려 있다. 경쟁사의 동급 관리자, 분명 한순간에 친구가 되기는 어렵다. 하지만 자신의 인맥으로 만들어 둘 수만 있다면 언젠가 반드시 도움이 될 것이다.

경쟁사 관리자 인맥 체크리스트

1. 경쟁사의 조직을 파악하고 있다. (예 / 아니오)
2. 경쟁사에서 나와 같은 일을 하고 있는 사람이 누구인지 안다.
   (예 / 아니오)
3. 그 사람의 연락처(직통 번호, 이메일)를 파악하고 있다. (예 / 아니오)
4. 동급 관리자 모임에 참석하고 있다. (예 / 아니오)
5. 정기적으로 만남을 갖거나 정보를 교환하고 있다. (예 / 아니오)
6. 가끔 업무상의 만남 외에 개인적 만남을 가지기도 한다. (예 / 아니오)
7. 경쟁사 출신 직원에 대한 레퍼런스 체크를 부탁할 수 있다.
   (예 / 아니오)

> 8. 경쟁사 동급 관리자를 통해 경쟁사의 다른 직원을 소개를 받은 적이 있다.
> (예 / 아니오)
>
> '예'의 개수가
> - 6~8개 : 경쟁사 동급 관리자 인맥 관리, 이미 잘 하고 있습니다.
> - 3~5개 : 노력이 필요합니다.
> - 2개 이하 : 지금부터라도 서둘러야 합니다.

자기충전을 하라

같은 일을 몇 년씩 하다 보면 매너리즘에 빠지기 십상이다. 직장생활도 마찬가지다. 몇 년째 같은 업무를 하다 보면 몸도 마음도 지치게 마련이다.

인맥은 어떠한가? 혈기 왕성한 신입 사원들을 만나 보면 여기 저기 부딪혀 보면서 활기차게 인맥을 만들어 간다. 반면에 6~7년 이상 직장생활을 한 중간 관리자급을 만나 보면 늘 만나는 사람이 정해져 있는 경우가 태반이다.

한 제조업체에서 12년을 근무해 온 생산 관리팀장 공현기 씨는 그야말로 회사에 자신의 모든 것을 쏟아 부었다. 근무지가 공장이 있는 충북이라 가족과 떨어져 지낸 지도 10년이 되었고, 일에 매달려 시간이 어떻게 흘러가는지도 모르는 사이에 흰머리가 성성해졌다. 그런 그에게 얼마 전 회사는 사직을 권고해 왔다. 새로운 공장 시설이 도입되면서 공현기 씨가 맡고 있던 업무가 더 이상 필요하지 않게 되었기 때문이다.

답답한 마음에 여기저기에 이력서를 넣어 보았지만 그가 가지고 있는 기술을 인정해 주는 곳은 아무 데도 없었다. 더욱이 지방에서 사택과 공장만 오고 간 그로서는 변변한 인맥 하나 남아 있지 않은 상태였다.

"여태껏 저는 제 자신에 대한 충전은 한 번도 하지 않고 에너지를 소모하기만 했죠. 이럴 줄 알았으면 자비와 시간을 들여서라도 신기술을 익히고 여러 사람을 만날 걸 그랬습니다. 지금 제 모습은 배터리가 나간 자동차 같습니다." 그가 상담을 의뢰한 헤드헌터에게 남긴 말이다.

최선을 다해 뛰어온 많은 직장인들이 자신이 가지고 있는 에너지를 모두 소모해 버리고 결국 무력감에 빠지는 경우를 보면 안타까울 때가 한두 번이 아니다.

모든 움직이는 물체는 에너지를 공급해야 한다. 직장생활도 마찬가지다. 에너지가 완전히 고갈되기 전에 실력과 인맥을 충전해야만 멈추지 않고 다음 단계로의 도약을 꿈꿀 수 있다. 소위 잘나가는 직장인들은 이러한 자기충전에 매우 능숙하다. 이렇게 직장인에게 실력과 인맥을 충전해 줄 수 있는 가장 좋은 에너지원이 바로 '교육'이다.

무엇보다 교육 과정에 참가하면 새로운 지식이나 기술을 익힐 수 있다. 이것은 교육의 본래 목적이자 가장 중요한 기능이다. 끊임없이 변화하는 환경에서 경쟁력을 갖추기 위해서는 부단한 자기계발이 필요하다. 특히 중간 관리자의 위치에서는 자신에 대한 지속적이고 과감한 투자를 아끼지 않아야 한다.

지식과 기술의 습득 이외에 교육을 통해 얻을 수 있는 또 하나의 중요한 포인트는 바로 외부 인맥의 확장이다. 영업직이나 대외 업무가 많은 경우를 제외하고는 대부분의 화이트칼라 관리자들은 막대한 양의 사내 업무처리로 인해 외부 인사를 만날 기회가 오히려 줄어든다. 만나더라도 언제나 만나는 사람들로만 국한되는 경우가 대부분이다. 그런데 외부 교육 과정에 참석하면 새로운 사람을 만날 수 있는 기회가 생긴다. 그것도 전문분야나 관심분야가 같은 사람들이기 때문에 이런 사람들과의 교류는 신선한 자극이 된다.

이 밖에 교육에 참가하는 동안 잠시라도 틀에 박힌 일상에서 벗어날 수 있다는 점 또한 교육 참가의 의의라 할 수 있다. 특히 일정 기간 합숙을 하는 교육이나 업무 시간에 참가하는 외부 교육인 경우, 늘 접해 오던 환경에서 벗어나게 되므로 기존의 자신에 대해 정리할 수 있는 계기를 마련해 준다.

직장생활을 하다 보면 대개 3년에 한 번씩은 일도 사람도 싫증나는 고비가 찾아온다. 이럴 때는 자기 분야의 우수 교육 과정을 찾아보자. 교육이라는 자기충전을 통해 실력과 인맥의 두 마리 토끼를 잡을 수 있을 것이다.

 좋은 교육 과정을 선택하는 방법

1. 경력 관리 차원에서 장기적 안목으로 교육 이수 계획을 세운다.
2. 전문성을 함양할 수 있는 과정을 선택한다.
3. 같은 과정이라도 교육기관의 명망과 수준이 높은 곳을 선택한다.

4. 수강생들간의 커뮤니티 연계가 잘 되는 곳을 선택한다.
5. 자신의 현재 상황에 맞춰 교육 기간을 선택한다.

포럼 스피커로 참여하라

"어느 날 아침 눈을 떠 보니 유명해져 있더라."

명성을 얻은 연예인이나 정치인들이 흔히 인용하는 말이다. 그런데 직장인의 세계에서도 이 문구가 종종 사용되곤 한다.

국내 e-비즈니스 분야에서 꽤 이름을 날리는 컨설턴트이자 벤처기업 창업 컨설팅 회사의 CEO인 김중연 씨는 미국계 IT 기업 마케팅 팀장 출신이다. 그의 수첩은 날마다 조찬모임부터 시작해 종일 빽빽한 일정으로 가득 채워져 있다. 인터넷 붐이 조금 가라앉았다고 하지만 그를 찾는 곳은 여전히 많다. 김중연 씨는 소위 말하는 일류대 출신도 아니고 해외에서 학위를 받은 바도 없지만, 그가 만나는 사람들은 주로 대기업 임원, 행정 관료, 벤처 사업가 등 상당한 영향력을 갖춘 이들이다.

김중연 씨가 일개 기업의 마케팅 팀장에서 이처럼 업계 주요 인물이 된 것은 5, 6년 전으로 거슬러 올라간다. 업무상 e-비즈니스 시장의 동향에 관심이 많았던 그는 국내외의 각종 관련 정보를 수집해 왔다. 그러던 어느 날 자신이 참석하고 있는 한 포럼에서 e-비즈니스와 관련된 강연을 요청해 왔다. 이론과 실무를 결합한 그의 강연은 참석자들의 이목을 끌었고, 그 후로 여러 포럼이나 강연에 초청을 받기 시작했다. 그 즈음 관심을 가지고 있던 e-비즈니스 분야가 비약적인 성장을 하면서 그의 전문성은 더욱 인정받을 수 있었다.

이렇게 전문성을 공식적으로 인정받을 수 있는 방법으로 가장 좋은 것이 김중연 씨의 예처럼 포럼 스피커로 참여하는 것이다. 어떤 분야든 전문가라고 하면 대학교수나 연구기관에 있는 사람을 떠올리지만 실무를 겸비한 전문가는 그 희소성 때문에 더욱 인정을 받는다. 특히 이와 같은 강연을 통해 알게 된 사람들은 인맥의 상향 확장을 가능하게 해 준다.

단, 실무 경력이 길다고 해서 모두 전문가로 인정받는 것은 아니며, 아무에게나 포럼 스피커의 기회가 주어지는 것도 아니다. 동서고금을 막론하고 기회는 준비된 자에게만 오는 법이다. 그렇다면 포럼 스피커로 참여하여 전문성도 인정받고 인맥의 상향 확장에 성공하기 위해서는 어떤 준비가 필요할까?

1단계 │ 나만의 브랜드 활용하기

우선 인맥 접근 단계에서 강조한 바 있던 '나만의 브랜드'를 활용해 보자. 전문성을 바탕으로 만들어진 자신의 브랜드는 타인에게 당신을 긍정적으로 각인시키는 데 효과적이다.

자기 분석에 기초하여 브랜드 전략을 세우고, 그 전략에 따라 포장하여 타인에게 홍보하는 일은 포럼 스피커가 되기 위해 필수적이라는 것을 기억하자.

2단계 기회 포착

자신의 브랜드를 만들고 타인에게 알렸으면 기회를 만들어야 한다. 기회는 언제 어디서 올지 모른다. 아무리 깊이 있는 지식을 가지고 있다고 하더라도 제자리에서 연구만 한다면 어느 누구에게도 인정받을 수 없다. 관련분야의 세미나나 포럼, 기타 학술모임이나 회합 등에 수시로 참가해야 한다. 이런 모임에서는 해당분야의 동향을 파악하고 정보를 공유할 수 있으며, 자신을 드러낼 수 있는 기회를 얻을 수 있다.

이런 활동을 통해 포럼 스피커나 강연을 할 기회가 왔다면 주저하지 말고 시도해 보라. 기회는 제한되어 있고 기회를 노리는 사람들은 무수히 많기 때문에 망설이는 사이에 다른 사람이 당신의 기회를 가져가 버릴 수 있다.

3단계 기회 확대

2단계에서 기회를 포착했다면 그것을 성공으로 이끌어내야 한다. 한 번 성공사례를 만들게 되면 다음 기회는 곧 따라오게 마련이다.

성공적인 연설과 강연을 위해서는 자신만의 독특한 시각, 사례를 적용하여 청중들에게 강한 인상을 심어주어야 한다. 그리고 한 번의 이벤트로 끝낼 것이 아니라면 함께 참여한 다른 연사나 참가자, 그리고 주최측 담당자들과 지속적인 관계를 형성해 나가야 한다.

중간 관리자들은 몹시 바쁘다. 그 때문에 오히려 신입 사원들보다 회사 외부 사람들을 만날 기회가 더 적은 경우가 많다. 경력 관리에 있어 대리에서 팀장급의 시기는 가장 중요한 기간이다. 이때 형성된 인맥이 사내 인맥으로 국한된다면 자칫 더 큰 성장의 기회를 스스로 잠식시켜 버리는 결과를 초래할 수 있다. 물론 회사 내에서 더 높은 자리로 승진하거나 임원의 반열에 오르기 위해서는 내부 인맥 관리가 무척 중요하다. 그러나 직장인의 진짜 경쟁력은 한 회사 내에서의 경쟁력만은 아니다. 이제는 사내에서뿐만 아니라 업계 전체를 보는 인맥 관리가 필요한 때다.

헤드헌터와 친구가 되라

> 억대 연봉자 김성표 씨
> 나이 : 47세
> 학력 : 서울 D대학 경영학 전공 / 미국 C대학 MBA
> 경력 : 국내 유통 업체 P사 마케팅 7년
>   외국계 D사 영업 · 마케팅 6년
>   외국계 K사 e-commerce 4년

억대 연봉을 받고 있는 직장인 김성표 씨의 이력이다. 대학 졸업 후 국내 유통업체에서 근무하던 그는 몇 해가 지나도록 일에서 성취감을 얻지 못해 고민하고 있었다. 이직을 결심한 김 씨는 선배의 소개로 한 헤드헌터를 만났다. 김 씨의 고민을 듣던 헤드헌터는 그에게 이직보다는 MBA를 취득할 것을 권유했다. 이후 MBA를 마치고 돌아온 성표 씨는 헤드헌터를 통해 재취업할 수 있었다. 그리고 4년 전 또 다른 제의를 통해 현재의 자리로 전격 스카우트되었다.

"유통업체에 근무할 때 곧바로 이직을 선택하지 않고 MBA를 선택한 것이 제 경력 관리에 큰 도움이 되었습니다. 그때 섣불리 이직을 했더라면 억대 연봉은커녕 아직도 고민에 빠져 있었을지 모르죠. 저에게 맞는 경력 관리 방법을 조언해 주었던 헤드헌터에게 감사합니다. 지금도 그 헤드헌터와는 종종 연락을 하고 지냅니다. 언젠가 또 다른 기회를 저에게 줄 수도 있으니까요."라며 성표 씨는 헤드헌터의 도움을 강조했다.

억대 연봉을 받는 직장인들의 경력 관리에서 눈여겨볼 점이 이직을 할 때 거의 대부분 헤드헌터를 통한다는 것이다. 처음 한두 번은 공채나 개인적인 인맥을 통해 이직하기도 하지만 전문성이 커질수록 헤드헌터를 통한 이직이 보편적인 형태가 된다. 기업에서도 경력직이나 간부, 임원을 채용할 때 헤드헌팅을 이용하는 경우가 점점 늘어나고 있다.

자신의 경력은 스스로 관리해야만 한다. 경력 관리에는 여러 가지 방법이 있지만 여기에 빠질 수 없는 것이 '이직'이며, 신입 사원이 아닌 다음에야 '헤드헌팅'을 통한 이직이 서서히 보편화되어 가고 있는 추세다. 경력 관리는 사회생활을 시작하면서부터 바로 시작하는 것이 가장 이상적이다. 하지만 만일 그렇지 못했다면 관리자의 위치에서 더 늦기 전에 경력 관리를 해야 한다.

헤드헌터를 만나는 것이 경력 관리의 전부는 아니다. 어떤 사람들은 "회사를 옮길 생각이 없는데 헤드헌터를 왜 만나야 하나?" 혹은 "내가 헤드헌터를 만난 걸 알면 회사에서 어떻게 생각할까?" "혹시 수수료를 내야 하는 건 아닌가?"라고 생각해 헤드헌터 만나기를 꺼려한다. 더욱이 한 번도 만난 적 없는 헤드헌터로부터 이직 권유를 받으면 당황하기도 한다. 하지만 곧바로 이직을 생각하고 있지 않더라도 자신의 전문분야의 헤드헌터를 만나 경력 관리를 상담하는 것은 무척 중요하다.

우선 자신의 경력에 대한 객관적인 평가와 조언을 구할 수 있다. 현재 일을 하고 있는 상태에서는 시장에서의 자신의 위치를 정확히 파악할 수 없다. 헤드헌터는 해당 산업 분야의 수많은 기업과 인재를 만나기 때문에 그에 대한 정확한 가이드라인을 제시할 수 있다.

또한 만약 헤드헌터를 통해 이직을 고려하게 되면 연봉이나 처우 면에서 최적의 조건으로 협상할 수 있다. 회사와 직접 연봉을 협상하는 것은 그리 쉽지 않다. 외국계 기업처럼 연봉협상이 정례화되어 있고 자신의 가치에 대해 객관적으로 설명할 수 있는 능력이 있다면 괜찮겠지만 대부분의 직장인들은 이런 부분이 매우 약하다. 또 조건 따위를 직접 이야기하는 것이 쑥스럽게 느껴질 수도 있다. 그러나 헤드헌터가 개입된 협상 테이블에서는 얼마든지 유리한 협상이 가능하다. 사전에 충분히 의견을 조율하고 중간에서 회사와의 윤활유 역할을 해주기 때문이다.

시장 상황에 대한 정보를 얻을 수 있다. 헤드헌터는 원래 HR 분야의 전문가지만, 업계의 사정을 이해하지 않고서는 일을 할 수 없기 때문에 동종업계의 상황에 대한 정보를 상당량 보유하고 있다. 특히 이 정보들은 업계에 종사하고 있는 사람들을 통해 입수된 것이므로 어떤 것보다 생생하다는 장점이 있다.

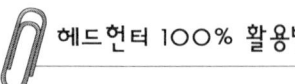 헤드헌터 100% 활용법

1. 안전할 때일수록 자신을 마케팅하라.
지금 다니고 있는 회사가 안전하다고 해서 경력 관리를 소홀히 하는 것은 금물이다. 앞으로 기업은 언제 구조조정을 실시할지 모른다. 안정적으로 일할 때일수록 자신을 마케팅할 수 있는 방법의 하나로, 미래를 대비해 헤드헌터를 알아두자. 최선을 다하는 모습을 보일 때, 더 매력적으로 보일 수 있다.

2. 정기적으로 커리어 플랜에 대해 논의하라.
이직이나 전직한 직후, 혹은 이를 고려하지 않더라도 헤드헌터와 연락을 취한다. 업계 동향에 대해 논의하고 커리어 관리 방안에 대해 의논하면 자신의 상품 가치를 높일 수 있다.

3. 자신의 전문분야를 명확히 표현하라.
헤드헌터와의 첫 대면에서 자신의 전문분야와 목표에 대해 구체적이고 명확하게 표현할 필요가 있다. 어떤 분야에 전문가인지를 주지시키면 예상 외로 좋은 기회를 얻을 수 있다.

4. 헤드헌터에게 너무 적극적이거나 소극적이지 말라.
본인이 지원하지 않은 분야에 대해 헤드헌터가 제안할 때, 너무 적극적으로 일자리에 관심을 보여 자신의 가치를 저하시키거나, 반대로 너무 소극적으로 경계하여 이미지를 흐리지 않도록 유의하는 것이 좋다.

국내 헤드헌팅사 리스트

회사명	회사 소개	전화번호	주소
HR Korea www.hrkorea.co.kr	국내 최대 규모의 기업형 헤드헌팅사로, 온라인과 오프라인이 결합된 헤드헌팅 서비스 제공	02-566-2228	서울시 강남구 역삼동 720-20 삼봉빌딩 2층
유니코써어치 www.unicosearch.co.kr	해외 및 전문가, 임원급 중심의 헤드헌팅 서비스 제공	02-551-0313	서울시 강남구 삼성동 159-9 도심공항타워 1705호
탑경영컨설팅 www.headhunter.co.kr	임원급 중심의 헤드헌팅 서비스 제공	02-551-0361	서울시 강남구 삼성동 159 무역회관 3501호
보이든 인터내셔널 www.boyden.co.kr	1946년 설립된 세계적 헤드헌팅사 보이든의 한국지사	02-756-9305	서울시 중구 장교동 장교빌딩 1105호
암롭히버코리아 www.amrop.co.kr	47개 국에 지점을 갖춘 세계적 헤드헌팅사 암롭히버의 한국내 회원사	02-393-3701	서울시 서대문구 충정로 3가 충정로빌딩 14층
렉싱턴컨설팅 www.lexington.co.kr	부산에 위치한 전문 인력 컨설팅 업체	051-740-7420	부산시 해운대구 우2동 1291-1 BEXCO 사무동 4층

인맥에도 가지치기가 필요하다

가지치기라고 하면 자칫 인맥이 축소되는 것으로 생각하기 쉽다. 하지만 효과적인 경력 관리와 성공적인 목표 도달을 위한 '선택과 집중'이라는 측면에서 생각할 때 반드시 필요하다.

지금까지 관계를 가져온 인맥을 자세히 살펴보면 분명 무수히 많은 사람들 중에서 자신의 경력 관리에 나쁜 영향을 미치거나 공연히 시간만 낭비하게 되는 관계가 있을 것이다. 그런 관계들을 관리하기 위해 들인 시간과 노력은 소모적일 뿐이다. 이런 소모적인 관계를 줄이고 생산적인 관계를 늘려가는 것이 바로 인맥의 가지치기다.

식품회사에 근무하는 성현식 과장은 매일 저녁 온갖 약속으로 분주하다. 초등학교 동창, 회사 동료, 대학 친구, 서클 선후배, 심지어는 사촌 동생의 친구에 이르기까지 그가 만나는 사람은 셀 수도 없을 정도다. 성 과장은 자신의 인맥이 유명 인사들 못지않다는 자부심을 가지고 있다.

그런데 이렇게 많은 약속을 하다 보니 정작 챙겨야 할 자리는 못 챙기는 경우가 생기기도 한다. 얼마 전 부서 동료의 결혼식에는 전날 지나친 술자리로 인해 참석하지 못했고, 직속 상사의 부친상에는 대학 서클 후배들의 MT에 따라가느라 빠지고 말았다. 뿐만 아니라 저녁마다 약속과 술자리에 시달리다 보니 업무시간에 자신도 모르게 졸거나 나태해지는 일도 빈번해졌다.

직장생활을 하다 보면 성현식 과장과 같은 관리자를 종종 볼 수 있다. 이런 사람들은 항상 누군가와 함께 있지 않으면 불안하고 약속

없이 혼자만 있는 시간을 두려워한다. 스스로는 '인기가 좋다'거나 '인맥이 풍부하다'고 생각하지만, 상사나 주변 사람들은 그를 '사람은 좋지만 능력은 부족한 사람', '성격은 무난하지만 매사에 맺고 끊음이 없는 사람'으로 평가한다.

이처럼 늘 사람을 만나고 바쁘게 지내는데도 실상은 어떤 도움도 되지 않고 공허하기만 하다고 생각한 적이 있는가? 그렇다면 당신의 인맥에도 가지치기가 필요하다.

인맥의 가지치기에 있어 무엇보다 중요한 점은 목표가 분명해야 한다는 것이다. 'ㅇㅇ분야의 인맥이 부족하니 이쪽을 확장해 보겠다'든지, '당분간은 내 시간을 충분히 가지고 분야의 실력을 연마하겠다'는 등의 구체적인 목표와 전략을 세워야 한다.

이렇게 목표와 전략을 세웠다면 우선순위에 맞춰 인맥을 관리해야 한다. 상대가 만나고 싶다고 해서 모든 사람들을 만날 수도 없으며, 그럴 필요도 없다. 바쁜 사람일수록 인맥 관리도 체계적으로 해야 한다. 그러려면 자신에게 가장 중요한 것이 무엇인지, 그리고 가장 급한 것이 무엇인지를 정확히 알고 있어야 한다. 이에 따라 중요하고 급한 것과 관련된 인맥부터 우선순위를 두고 관리해 나가는 것이다.

인맥에도 우선순위를 정해 두고 관리하면 성과와 효율성 측면에서 큰 효과를 거둘 수 있다. 예컨대 필자와 함께 근무하는 한 동료는 아무리 바빠도 자신의 관심분야인 HRD와 관련된 사람을 만나는 일은 0순위로 두고 있다. 사실 그는 이 분야의 박사 학위가 없지만, 이렇게 몇 년을 우선순위를 두고 인맥을 관리하다 보니 HRD 분야만큼은 박사 학위를 가진 동료들보다 훨씬 전문성을 인정받고 있다.

나무가 잘 자라기 위해서는 부실한 잔가지들을 정리해 주어야 하는 것과 마찬가지로 인맥 관리에도 가지치기가 필요하다. 신입 사원이라면 아직 인맥이 충분히 뻗어 있지 못한 상태이므로 새로운 인맥을 만들고 넓히는 것에만 관심을 기울여도 되겠지만, 적어도 수 년, 혹은 10년 이상 사회생활을 해온 관리자라면 때로는 과감하게 가지치기할 것을 고려해 보아야 한다. 이러한 인맥의 가지치기는 관리자의 인맥을 더 탄탄하게 만들어줄 것이다.

9장 경영자 : 세상에 나를 알려라

이사회의 몇몇과는 친분을 유지하라

미국 등 선진국에서는 연말이면 조용히 짐을 싸서 회사를 떠나는 최고경영자들을 어렵지 않게 찾아볼 수 있다. 1년 간의 경영성과가 총정리되면서 실적이 나쁜 경영자는 이사회로부터 재신임을 받지 못하기 때문이다. 한편으로는 살벌한 현실이기도 하지만, 스타급 최고경영자의 연봉이 신입 사원 평균 연봉의 443배나 된다고 하니 그만큼 부여받은 역할과 책임이 큰 탓이기도 하다.

국내 기업의 경우 아직까지는 이처럼 냉정한 생존 원리가 적용되고 있지는 않다. 기업의 지배구조가 여전히 오너 중심으로 편중되어 있기 때문이다. 그러나 외환위기를 겪으면서 소유와 경영을 분리, 유능한 전문 경영인에게 권한을 위임하여 슬기롭게 위기를 헤쳐나간 성공 사례들이 나타나면서 전문 경영인에 의한 투명 경영이 서서히 자리를 잡아가고 있다.

코스닥 등록 기업의 CEO인 주도민 씨는 "연말이 되면 저도 모르게 주식시세표에 눈길이 자주 갑니다. 마치 학창 시절에 선생님께 성적표를 받는 기분이죠." 하고 말했다. 그는 주가가 좋으면 마음이 놓이지만 혹시라도 연말 주가가 곤두박질치기라도 하면 자신을 믿고 큰돈을 맡긴 투자자들에게 미안한 마음을 가눌 수 없다고 했다.

그래도 주도민 씨는 주주들로부터 전폭적인 지지와 신뢰를 받고 있어 회사를 경영하는 데 큰 어려움이 없다. 그가 이렇게 신뢰를 받을 수 있었던 것은 탁월한 주주 관리 덕분이다. 그는 정기적으로 IR(Investor Relation, 투자자들을 대상으로 실시하는 기업의 홍보 활동)을 개최하여 회사의 경영현황과 비전을 분명하게 제시하고, 홈페이지에 주주들을 위한 공간을 별도로 마련하여 언제든지 회사의 상황을 객관적으로 볼 수 있도록 했다. 뿐만 아니라 몇몇 투자자들에 대해서 별도의 시간을 할애하여 개별적인 관리를 하고 있다.

경영자는 주주들에게 이익을 돌려주어야 할 책임이 있다. 그러기 위해서는 확고한 신념을 가지고 경영 전략을 수립하고 실천할 수 있어야 하며, 이렇게 자신이 가진 비전을 펼쳐나가기 위해서는 주주와의 신뢰가 바탕이 되어야 한다. 따라서 주주는 경영자가 놓쳐서는 안 될 주요 네트워크의 하나임이 분명하다.

그런데 상장 기업이나 코스닥 등록 기업처럼 수많은 소액 주주들을 갖고 있는 경우, 경영자가 모든 주주들을 일일이 파악하기는 어렵다. 하지만 적어도 투자자들을 대표한다고 할 수 있는 이사회의 주요 간부들과는 유대관계를 가질 필요가 있다.

이들과 긍정적인 유대감을 형성하고 경영자로서의 소신과 비전을 제시하기 위해 다음과 같은 점을 유념하자.

첫째, 주주 전용 커뮤니케이션 채널을 만들어라.

꼭 주주총회가 아니더라도 회사의 경영현황과 예측에 관한 자료를 수시로 확인할 수 있는 채널이 필요하다. 홈페이지를 이용하거나 정기적인 뉴스레터를 발송하는 것도 중요하지만, 특별 관리대상의 주주들과는 언제든지 경영자와 대화할 수 있는 핫라인을 구축하는 것이 좋다.

둘째, 호미로 막을 것을 가래로 막지 말라.

회사의 정보에 대한 투명한 공개가 필요하다. 좋은 소식뿐만 아니라 나쁜 소식에 대해서도 주주들이 정확히 알 수 있도록 해야 한다. 만약 책임을 회피하기 위해 정보를 은폐한다면 언제가 그 여파는 생각보다 훨씬 큰 파문을 불러일으킬 수도 있다. 좋은 일이든 나쁜 일이든 투명하게 공개하는 것이 신뢰를 쌓는 데 큰 도움이 된다.

셋째, 회사 주가뿐 아니라 자신에 대한 주가도 관리하라.

'이 사람만큼 이 회사를 잘 이끌어 갈 경영자는 없다'는 생각을 주주들에게 심어주어야 한다. 영화에서 주연 배우가 홍행을 좌우하듯 기업에서는 경영자가 기업의 성패를 좌우한다. 스타 경영자가 무조건 좋은 경영자라고 할 수는 없지만, 치열한 경쟁 환경에서 경쟁력을 유지하기 위해서는 경영자 자신에 대한 브랜드에도 각별히 신경 써야 한다.

당신의 부하들은 지금 무엇을 하고 있는가

인재경영으로 유명한 제너럴 일렉트릭사(GE)에서 200여 명의 경영자들을 대상으로 조사한 바에 따르면 경영자의 가장 중요한 덕목으로 '사람을 다루는 능력'이 꼽혔다. 그만큼 사람을 다루는 것이 어렵다는 것을 대변하고 있다.

흔히 경영자의 반열에 오르면 대외적인 인맥 관리에 치중하는 경향이 있다. 회사 내부에 있는 사람들은 언제나 가까이 있으니 필요할 때 손만 뻗으면 될 것이란 생각 때문인 듯하다. 하지만 경영자의 인맥 관리에 있어 놓치지 말아야 할 것이 바로 부하 직원들과의 관계이다. 어떤 경영자를 만나는가에 따라 직원의 능력은 그가 가지고 있는 재능의 50%만 발휘될 수 있고 100%, 아니 200%가 발휘될 수도 있다. 그보다 경영자가 방심하고 있는 사이 직원들은 다른 더 좋은 일자리를 찾고 있을지도 모른다.

필자가 알고 있는 한 외국계 컴퓨터 회사의 상무이사는 생일을 맞은 직원에게 도서상품권과 함께 간단한 메모가 적힌 카드를 전한다. 직원들의 경조사에는 따로 성의를 표시하고, 가끔씩은 신입 사원들과도 격의 없는 술자리를 함께한다.

이런 이유 때문인지 회사 내에서 그를 따르는 직원들이 유난히 많다. 또한 각 부서의 구석구석에서 일어나는 일들을 훤히 들여다보고 있어 조직을 운영하는 데도 큰 도움이 되고 있다. 그는 "직원들이 바로 저의 재산입니다"라고 스스럼없이 말했다.

인맥은 상향식만 있는 것은 아니다. 성공을 위해서는 아랫사람들과의 유대도 필수다. 어떤 리더도 부하의 협조 없이 독불장군식으로 조직을 운영해서는 성공을 거둘 수 없다. 리더란 자신을 믿고 따라주는 부하가 있을 때 의미 있는 존재가 아니던가?

부하 직원들과의 끈끈한 유대를 갖기 위해서는 어떤 노력을 기울여야 할까?

첫째, 친근감이 관건이다.

대개 경영자라고 하면 직원들에게 어렵고 부담스러운 존재다. 직함이 주는 권위 때문이기도 하고 가까이서 만나고 대화를 나눌 기회가 적은 탓도 있다. 부하 직원과의 관계에 있어서는 경영자로서의 권위는 유지하되, 먼 곳에 있는 사람이 아니라 가까운 곳에 있는 사람임을 보여주어야 한다. 직원들과 함께 땀을 흘리며 등산을 한다든지 축구를 할 수도 있다. 어떤 직원은 연말 회식 자리에서 사장님이 멋드러지게 노래하는 것을 보고 '아, 사장님도 우리와 똑같은 분이구나' 하고 느꼈다고 한다. 어떤 것이든 간에 직원들과 함께 호흡하는 과정에서 경영자와 직원 간의 벽은 자연스럽게 허물어질 것이다.

둘째, 관심을 표현하라.

고(故) 정주영 회장은 현대라는 거대기업의 총수로서 눈코 뜰 새 없이 바쁜 와중에도 가까운 부하 직원들의 대소사는 잊어버리는 법이 없었다고 한다. 자기 아버지의 칠순을 챙겨주고 새로 시작한 야간대학원 공부는 어떠한지 물어보는 경영자에게 고마운 마음이 들지 않을 부하 직원은 없다.

경영자에 대한 고마움은 곧 신뢰로 연결된다. 더 나아가 직원들의 자발적인 동기부여를 가능하게 한다. 관심의 표현은 물질적인 것이 아니어도 좋다. 작은 것에 대한 따뜻한 배려로부터 시작하면 된다.

셋째, 칭찬과 질책에도 법칙이 있다.

부하 직원과의 좋은 관계를 위해 무조건 칭찬만 하는 것은 도움이 되지 않는다. 마찬가지로 마음에 들지 않는다고 해서 무조건 질책부터 하는 것 또한 바람직하지 않다. 적절한 칭찬과 날카로운 질책이 조화를 이루어야 한다. 효과적인 칭찬과 질책을 위해서는 4장의 '플러스·마이너스 효과를 이용하라'를 참조하라.

넷째, 가끔은 두 얼굴이 필요하다.

경영자와 부하 직원이 아무리 인간적으로 가깝게 지낸다 하더라도 업무상의 관계가 매끄럽지 못하다면 그 관계는 오래 지속되기 어렵다. 경영자는 친근하고 가까이 있는 모습과 더불어 날카로운 판단력과 권위를 동시에 가질 필요가 있다. 평소에는 부드러운 모습이다가도 일할 때에는 칼처럼 냉정한 면을 드러내야 한다. 경영자가 이런 2가지 모습의 균형을 유지할 때 부하 직원들의 신뢰를 얻을 수 있음은 물론 업무 분위기도 향상될 수 있을 것이다.

작년에 인기리에 방영되었던 드라마〈상도(商道)〉의 대사 중 "장사란 돈을 벌기 위한 것이 아니라 사람을 얻기 위한 것이다. 장사란 이윤을 남기기 위한 것이 아니라 사람을 남기기 위한 것이다"라는 말이 기억에 남는다.

과연 당신이 언젠가 경영일선에서 물러났을 때 당신 옆에 남아 있는 사람은 몇이나 될까? 지금 한번 곰곰이 생각해 볼 필요가 있다.

신입 사원을 우습게보지 말라

한 외국계 패밀리 레스토랑의 CEO인 권영진 씨는 벌써 3년째 분기별로 한 차례씩 각 매장의 직원들과 만남의 자리를 갖고 있다. 이 자리에는 매니저급은 참석할 수 없고 신입 사원과 아르바이트 사원들만 참석한다. 이 미팅을 통해 권영진 씨는 회사의 가장 아래 직원들과 허심탄회한 대화를 나눈다. 그들의 고충을 듣기도 하며 새로운 아이디어를 얻기도 한다.

처음 이런 자리를 마련하게 된 것은 몇 해 전 그가 한 매장을 방문했을 때 만난 신입 사원 때문이었다. 권영진 씨는 자신을 자리로 안내하고 음식을 가져다준 신입 사원에게 지나가는 말로 "그래, 일은 할 만한가?" 하고 물었다. 그러자 그 신입 사원은 초롱초롱한 눈빛으로 "네, 일은 재미있습니다. 그런데 요즘 비수기라 그런지 손님이 좀 줄어든 것 같아요. 근처에 초등학교가 많으니 어린이 생일파티 패키지를 만들어 보면 어떨까요?" 하고 말했다.

신입 사원의 대답에 그는 깜짝 놀랐다. 특별한 기대 없이 형식적으로 던진 질문에 그처럼 좋은 아이디어를 제시할 줄은 상상도 못했기 때문이다. 권영진 씨는 나중에 그를 따로 불러 그 아이디어를 상품으로 만들었고 생일파티 패키지는 엄청난 인기를 끌었다.

이런 일이 있은 후 권영진 씨는 비록 매장 한 켠에서 아르바이트를 하는 직원들도 함부로 대해서는 안 되겠다는 것을 뼈저리게 느꼈다. 그리고 회사의 가장 아랫사람들인 신입 사원과 아르바이트 사원들과의 만남의 자리를 정기적으로 갖기에 이르렀다.

어쩌면 신입 사원은 경영자가 보지 못한 것을 보고 있을지도 모른다. 그들은 아직 회사의 문화나 관행에 덜 젖어 있기 때문에 더 객관적인 시각을 가지고 있다. 또 입사 전까지 그들은 회사의 고객이었거나 적어도 회사에 들어오지 않았다면 다른 곳에서 고객으로 만났을지도 모를 사람들이다. 즉, 신입 사원들이 경영자가 놓치고 있는 고객의 시각을 갖고 있다는 뜻이다. 따라서 신입 사원들은 더 고객 지향적이고 창의적인 아이디어를 제시할 수 있다.

더불어 신입 사원은 기업에 생명력을 불어넣는 존재다. 사람이 나이가 들면 늙어가는 것처럼 기업도 세월이 흐르면 서서히 노화되어 간다. 이때 신입 사원은 하나의 활력소와도 같은 존재가 된다. 따라서 경영자에게 이러한 젊은 인재는 기업의 생명력을 더욱 강하고 젊게 만들어 주는 신선한 혈액과 마찬가지다.

이런 톡톡 튀는 아이디어의 창구이자 생명력의 중심이 되는 신입 사원, 어떻게 하면 가까운 존재가 될 수 있을까? 신입 사원과 가까이하기 위해서 무조건 공식적인 만남의 자리를 갖는 것은 오히려 시간만 낭비하는 형식적인 만남이 되어 버릴 수도 있다. 그런 무미건조한 만남보다는 다음의 실천법을 참고해 보자.

첫째, 한 달에 한 번은 직원 식당에서 식사하라.

한 달에 한두 번쯤은 직원들과 함께 식판을 들고 줄을 서서 배식을 받아보자. 오전 근무를 마치고 즐거운 마음으로 식사를 하러 온 직원들과 자연스럽게 인사를 나누고 함께 밥을 먹다 보면 어색함 따위는 곧 사라질 것이다. '식구(食口)'라는 말처럼 밥을 함께 먹는 것은 진정한 가족이 되는 첫걸음이다.

둘째, 이름을 불러줘라.

아무리 경영자라도 아랫사람에게 "이봐" 하고 부르는 것은 큰 결례다. 새로 들어온 신입 사원들의 이름을 기억해 두었다가 "홍길동 씨", "김철수 씨" 하고 불러보라. 아마도 그들의 눈빛이 달라질 것이다. 경영자가 자신의 이름을 기억하고 있다는 것만으로도 신입 사원들은 엄청난 소속감과 책임감을 느끼게 된다.

셋째, 훈시나 연설에서 벗어난 만남의 자리를 마련하라.

신입 사원이 입사 후 경영자와 첫 만남을 갖는 자리는 사원 연수 프로그램이다. 이런 연수 프로그램에서 경영진은 일반적으로 '인사 말씀'이나 '개회사' 또는 '사장님 훈시' 등의 연설을 하곤 한다. 이후로도 경영자의 얼굴은 월례 조회에서나 볼 수 있는데 매번 훈시와 연설을 하는 정도가 전부다. 이런 일방적인 만남은 실상 경영진과 사원들 사이에 보이지 않는 벽만 쌓이게 한다.

훈시나 연설 대신 함께 운동을 하는 시간이라던가 연수 프로그램이 끝난 후 술자리 같은 부드러운 자리를 만들어 보는 것은 어떨까? 정기적인 만남의 자리를 갖는 것도 좋다. 최근에는 찜질방에서 경영자와 신입 사원의 만남을 갖는 기업도 있다. 편안한 분위기 속에서 가까워질 수 있는 계기를 만들어 보자.

조직이 아주 작다면 직원 한 사람 한 사람을 가까이서 챙길 수 있을 것이다. 그러나 조금만 조직이 커지면 경영자가 신입 사원까지 일일이 챙긴다는 것은 현실적으로 상당히 어려운 일이 된다. 그러나 어렵다고 해서 항상 바로 아래 부하 직원이나 중간 관리자들만 만나는 것은 곤란하다.

경영자와 신입 사원의 거리는 경영자의 의지에 따라서 한없이 멀어질 수도, 반대로 한없이 가까워질 수도 있다. 신입 사원이 가지고 있는 무한한 잠재력과 창의력을 바로 자신의 것으로 활용할 수 있다면 성공적인 기업 경영에 큰 힘이 될 것이다.

다양한 대화 주제를 만들어라

2000년도 벤처 붐이 한창일 때의 일이다. 당시 여기저기서 다양한 형태의 벤처기업인 모임이 개최되었는데, 대학 후배들과 함께 IT 벤처기업을 설립한 조성진 사장은 투자 유치와 기업 홍보를 위해 이런 모임에 적극 참석을 했다. 이를 통해 비슷한 규모의 벤처기업인들과 교류도 할 수 있었고, 여러 가지 정보도 교환할 수 있었다.

조 사장은 이런 모임을 통해 또 다른 벤처기업을 운영하는 지현태 사장과 만나게 되었다. 창업 시기도 비슷했고 회사 규모와 아이템도 비슷했기 때문에 그는 지용태 사장의 활동에 무척 관심이 쏠렸다. 그런데 재미있는 사실은 같은 모임에 참석해도 항상 지용태 사장 주변에 사람들이 모인다는 것이었다. 투자자나 언론 관계자도 언제나 지용태 사장에게 관심을 보였고 심지어는 대학생들을 위한 벤처 창업 관련 모임에서도 참가 학생들에게 가장 큰 인기를 끌었다.

그의 인기 비결은 무엇이었을까? 가까이에서 지켜본 사람들은 한결같이 그를 재미있고 활기찬 사람으로 기억한다. 어떤 모임이나 어떤 대화에서든 그는 결코 지루한 법이 없었다. 다양한 대화 주제와 적절한 유머를 겸비한 그는 어디에서나 환영받는 존재가 될 수 있었던 것이다.

경영자는 다양한 자리에서 다양한 계층의 사람들을 만난다. 어느 누구와 만나도 막힘이 없고 어디에서나 자신을 돋보이게 하며 상대방의 호감을 얻을 수 있다면 우연한 만남까지도 기회로 승화시킬 수 있을 것이다. 언제 어디서나 활용할 수 있는 다양한 대화 주제를 만들기 위해서는 다음의 사항들을 기억해야 한다.

첫째, 회사 소개는 적어도 5가지 버전(version)으로 준비해둬라.

회사 소개는 경영자가 가장 많이 다루게 되는 대화 주제다. 따라서 아무리 말주변이 없는 경영자라 하더라도 자신의 회사에 대해서만큼은 누구와 이야기하더라도 막힘이 없어야 한다. 상대방이 어떤 관계에 있는 사람인가에 따라 그 사람의 관심을 끌 수 있는 내용을 전달해야 한다는 뜻이다. 예컨대, 당신 회사에서 만드는 아이스크림을 사러 온 꼬마 손님에게 회사 주가에 대해 열심히 이야기해 봐야 아무런 흥미도 끌 수 없을 것이다.

상대방이 고객이라면 당신의 회사에서 만드는 상품이나 서비스가 어떤 것이며, 다른 회사의 제품과 비교해서 고객에게 어떤 가치를 줄 수 있는지를 설득할 수 있는 회사 소개가 필요하다.

투자자에게는 회사의 재무현황과 경영상태, 장기적 전략 등이 관심의 대상이 될 것이다. 회사 직원들에게는 비전이, 면접을 보러 온 사람에게는 업무내용과 근무조건이 관심사가 될 것이다. 이 밖에 언론계에 있는 사람이나 경쟁사에 있는 사람들, 또는 친구들 등 그 대상이 누구냐에 따라 회사를 소개하는 초점은 완전히 달라져야 한다.

이처럼 상대에 따라 초점을 달리한 회사 소개를 미리 준비해 두면 누구와 만나더라도 효과적으로 회사를 알릴 수 있을 뿐 아니라 상대방의 호기심을 자극하는 대화 주제로도 전혀 손색이 없다.

둘째, 경제와 사회에 관해서는 전문가가 되라.

경제와 사회에 관한 이슈는 어디에서나 중요한 대화 주제가 된다. 처음 만나는 사람과 이야기를 나눌 때도 사회적 공감대가 형성된 문제라든지 시사적인 주제는 자연스러운 대화를 이끌어 나간다. 특히 비즈니스와 관련된 만남에서 경제 분야의 주제는 경영자로서 자신의 역량에 대한 평가까지 가능하게 한다. 경영자에게는 자신이 속한 업종 뿐 아니라 경제를 읽는 안목과 사회를 보는 자신만의 잣대가 요구되기 때문이다.

셋째, 문화, 예술, 스포츠를 즐겨라.

취미생활은 삶의 활력소가 됨과 동시에 대화에서도 중요한 주제로 활용될 수 있다. 처음 만난 사람이라도 우연히 대화 중에 같은 취미를 가지고 있다는 것을 알게 되면 그때부터는 훨씬 친밀한 대화를 나눌 수 있다. 꼭 공통의 취미가 아니더라도 문화, 예술, 스포츠 분야의 주제는 누구와도 가볍게 대화를 할 수 있는 주제가 된다. 따라서 이런 분야에 대해 전문가 수준의 식견까지는 아니어도 평소에 관심을 가진다면 당신의 대화 주제는 비약적으로 넓어질 것이다.

넷째, 자신만의 유머를 개발하라.

한 유통업체에 근무하는 박지훈 이사는 젊은이들에게도 뒤지지 않을 정도로 유머감각을 가진 것으로 평판이 나 있다. 이런 유머감각 덕에 만나는 사람들은 모두 그를 유쾌한 사람으로 기억하게 되었고, 50대라는 적지 않은 나이인데도 젊은 직원들과도 스스럼없이 어울릴 수 있었다. 그런데 그의 유머감각은 사실 오랜 노력 끝에 만들어진 것이다.

박지훈 이사는 일부러 유머와 관련된 책을 사서 보기도 하고 신문 한 귀퉁이에 나와 있는 유머를 따로 스크랩해 두기도 했다. 그의 수첩에는 지금도 20가지가 넘는 유머가 적혀 있다.

유머는 대화에 있어 윤활유 역할을 한다. 적절한 유머를 사용하면 어떤 사람과의 대화도 금방 매끄러워진다. 원래 유머감각이 있는 사람이라면 대화 중에 자연스럽게 유머를 구사하는 데 문제가 없겠지만, 만약 유머감각이 뛰어나지 않다면 박지훈 이사처럼 수첩에 적어두는 것도 한 방편이 될 것이다.

또 다른 자아 발견의 기쁨을 누려라

대기업 계열의 의류업체를 운영하는 홍세진 사장은 요즘 스킨스쿠버에 푹 빠져 있다. 그가 처음 스킨스쿠버를 접하게 된 것은 7년 전의 일이다. 휴가차 찾았던 말레이시아의 한 섬에서 우연히 했던 것이 계기가 되었다. 처음 보는 바닷속의 모습은 신비, 그 자체였고 마치 하늘을 나는 듯한 자유로움을 느낄 수 있었다.

휴가를 마치고 돌아온 그는 곧장 스쿠버 장비를 구입했다. 이후 한 달에 한 번씩은 가족들과 함께 바다를 찾는다. 늘 일에 쫓겨 특별한 취미생활을 갖지 못했던 그에게 스킨스쿠버는 신선한 활력소가 되고 있다.

"바다에 뛰어들 때마다 매번 새로운 세계에 대해 도전하는 느낌입니다. 회사를 경영하다 보면 순간 순간의 판단으로 과감한 의사결정을 해야 할 때가 많은데, 스쿠버를 하면서부터 좀더 대범한 결단을 내릴 수 있게 된 것 같습니다. 또 동호회를 통해 여러 부류의 사람들과 격의 없이 만날 수 있다는 점도 큰 장점이 아닐 수 없죠." 홍세진 사장의 스쿠버 예찬론이다.

휴가나 취미생활도 포기하고 일에만 몰두하는 경영자가 많다. 한 조사에 따르면 국내 주요기업의 최고경영자 중 80%가 1년간 채 5일도 안 되는 휴가를 보낸다고 한다. 그 중 29%는 아예 1년 내내 휴가를 가지 않는다고 하니 경영자의 일 중독이 얼마나 심각한지 알 수 있다.

그런데 이렇게 일에만 몰두하다 보면 오히려 중요한 것들을 놓치게 된다. 과도한 업무로 인한 정신적 스트레스로 건강을 해칠 수 있으며, 짧은 시야로 큰 흐름을 놓칠 수도 있다.

사실 능률은 여유와 큰 시각에서 나오는 법이다. 무조건적인 전진보다는 한 발짝 물러나 생각을 정리하고 활력소를 보충해 주어야만 일의 능률과 정신적·육체적 건강함을 유지할 수 있다. 뿐만 아니라 이런 건강한 여가활동은 든든한 인맥 관리를 가능하게 해준다.

그렇다면 효과적으로 여가를 영위하기 위한 방법은 무엇일까?

첫째, 여가를 아까워하지 말라.

여가는 전진을 위한 재충전의 시간이다. 따라서 취미활동이나 휴가를 낭비라고 생각하지 말고 꼭 필요한 시간으로 인정하는 마인드를 가져야 한다. 일에서 쌓인 스트레스를 말끔히 푸는 것만으로도 충분히 투자할 가치가 있는 시간이다.

둘째, 여가를 새로운 발상의 기회로 삼아라.

취미생활이나 휴가를 즐기면서도 새로운 발상과 영감을 얻을 수 있도록 문제의식을 가질 필요가 있다. 잘 알려진 예로 폴라로이드 카메라는 그 창업자인 랜드가 딸과 휴식을 즐기던 중 딸이 찍은 사진을 즉시 보고 싶다고 조른 것에서 아이디어를 얻어 만들어졌다. 업무와 전혀 관련 없는 일을 할 때에도 뜻밖의 발상을 일로 접목시킬 줄 아는 유연성이 필요하다는 것을 증명해 주는 좋은 사례다.

셋째, 자신에게 맞는 여가활용 방법을 개발하라.

한국 GE의 강석진 전(前) 사장은 공인된 서양화가로도 유명하다. 회사 일로 하루종일 시달리고서도 붓을 잡으면 무아지경에 몰입할 수 있다고 말한다. 이처럼 자신의 관심사에 맞는 문화, 취미 생활을 잘 발전시키면 업무에 영감을 불어넣을 뿐 아니라 퇴임 후 대비책도 될 수 있기 때문에 윤기 있고 풍요로운 삶의 기초가 된다.

넷째, 여가를 전략적으로 활용하라.

패션 유통업체인 성주 인터내셔널 김성주 사장은 술자리 접대를 하지 않는 것으로 유명하다. 그가 업계의 관행처럼 여겨지던 술자리 접대를 일체 하지 않고서도 성공할 수 있었던 비결은 특별한 초대에 있었다. 김성주 사장은 접대해야 할 사람들을 술자리 대신 다양한 문화활동에 초대했다. 외국에서 온 바이어와는 한국 전통문화 공연을 즐기고, 주말에는 자전거를 타는 등 함께 여가를 보낼 수 있는 시간을 만들었다.

이처럼 취미와 여가활동은 심신을 단련함과 동시에 업무상 거래를 맺거나 전략적 파트너십을 구축하는 데 중요한 수단이 된다.

여가는 단순히 업무를 하지 않는 시간이 아니다. 경영자로서의 책임감과 부담을 완화하고 삶에 활력을 불어넣어 더 나은 경영을 할 수 있는 기회를 마련해 주는 좋은 계기가 될 수 있는 것이다. 건전하고 적극적인 여가활동을 통해 삶의 활력과 더불어 보다 큰 세상을 보는 눈, 그리고 경쟁력 있는 사교의 기회를 마련해 보자.

최고경영자 과정에 참여하라

경영자들의 인맥 만들기에 가장 많이 사용되는 방법이 바로 최고경영자 과정이다. 특히 특별한 학연이나 탄탄한 인맥이 없는 경영자라면 놓쳐서는 안 될 인맥의 보고다. 서울대를 비롯한 주요 대학 경영대학원에서 최고경영자 과정을 개설하고 있는데, 매 기수마다 각계의 주요 인사들이 입학하고 있어 인맥을 쌓는 데 큰 도움이 될 것이다.

"6개월 간의 과정이었지만 경영정보 관리 등 경영자로서의 마인드를 배울 수 있었고, 과정을 이수한 후에도 학교로부터 지속적으로 새로운 정보나 학술 자료를 제공받고 있습니다. 그리고 무엇보다 대기업체의 사장과 임원급, 고위 공무원 등 함께 교육 과정을 이수한 동기생들과의 친목 모임이 활성화되어 있어 경영활동을 하는 데 많은 도움이 됩니다."

K대학 최고경영자 과정을 수료한 한 경영자의 말이다.

이처럼 최고경영자 과정은 변화하는 경영환경에 빠르게 대처하기 위한 학습의 장으로서, 지속적인 정보 교환의 교두보로서, 그리고 비슷한 고위 경영자들을 이어주는 연결고리로서 경영자의 보이지 않는 경쟁력이 될 수 있다.

그렇다면 최고경영자 과정을 선택할 때 어떤 점을 살펴야 할까?

첫째, 과정의 전통성을 살펴보라.

개설된 지 오래된 과정이 반드시 더 좋은 것은 아니지만, 그만큼 배출된 동문이 많다는 점에서는 인맥 관리에 유리하다고 볼 수 있다. 국내에서는 1970년대 후반 서울대, 연세대, 고려대 등에 최초로 최고경영자 과정이 개설되었는데, 그 과정이 인기를 얻자 최근에는 서울 시내 각 대학 및 지방 대학까지 개설되어 있는 상태다.

둘째, 과정의 전문성을 파악하라.

KAIST의 '최고정보경영자과정(AIM)'은 '은행장 사관학교'라는 별칭이 붙어 있다. 김정태 국민은행장, 김진만 전 한빛은행장, 신복영 전 서울은행장 등 주요 은행장들이 대거 거쳐갔기 때문이다. 최고경영자 과정이라고 해서 모두 일반적인 경영이론만 배우는 곳이 아니다. 전문화된 산업의 특성을 반영하여 전문분야별 최고경영자 과정이 설립되고 있는 것이 최근의 추세다.

서울대 'e-비즈니스 최고경영자 과정', 고려대 '글로벌 최고경영자 과정', 단국대 '문화예술 최고경영자 과정', 경북대 '최고 농업경영자 과정' 등이 그 예다. 이렇게 과정이 전문화되다 보면 그 분야에 종사하고 있는 경영자들이 모이게 되므로 훨씬 전문적이고 집중된 정보 교환과 인맥 관리가 가능하다.

셋째, 커리큘럼 및 수료 후 운영체계를 따져보라.

교육 과정이 학습 중심인지 참가자들 간의 교류 중심인지를 살펴보아야 한다. 대부분은 이 2가지가 절충된 형태겠지만, 학습 비중이 높은 경우 이론적인 면을 보강하는 데 도움이 된다. 참가자들간의 교류가 더 비중이 높다면 인맥 확보와 정보 교환에 도움을 받을 수 있을 것이다.

그리고 과정 수료 후의 학교측의 지원체계도 꼼꼼히 짚어 보아야 한다. 최고경영자 과정은 대개 6개월 정도의 단기 과정이지만 얼마나 체계적인 사후 관리가 이루어지는가에 따라 장기적인 효과를 얻을 수 있고 그렇지 않을 수도 있기 때문이다. 수료 후 지속적인 정보 제공 여부, 동기생들 간의 교류회 활동 지원 여부 등을 꼼꼼히 짚어 보는 것이 좋다.

넷째, 참가자들의 면면을 살펴보라.

최근에는 최고경영자 과정의 인기에 편승하여 우후죽순격으로 유사한 과정들이 개설되면서 각 대학간 수강생 유치 경쟁이 무척 치열해졌다. 더욱이 최고경영자 과정은 몇몇 대학을 제외하고는 매출액 등의 다른 기준 없이 기업체 임원급 이상이면 누구나 입학할 수 있기 때문에 간혹 참가자들이 의외로 자격 미달인 경우가 많다.

따라서 사전에 해당 과정을 수료한 수료생 명단을 살펴보고, 비슷한 업종에 종사하는 수료생이 많은 과정을 선택하는 것이 좋다. 또는 자신에게 부족한 인맥이 집중되어 있는 과정을 선택하는 것도 한 방법이다.

주요 경영대학원 소개

과정명	특징	문의처
서울대 최고경영자 과정(AMP)	• 1976년 설립된 국내 최고(最古) 과정 • 3,400여 명의 수료생 배출 • 경영능력 개발 및 휴먼 네트워크 구축에 중점 • AMP포럼 도입, 각계 리더들과의 정책 토론 마련	02-880-6911 (carrotte@snu.ac.kr)
연세대 최고경제인 과정(TBEP)	• 기업, 정부, 금융, 언론계를 연결하는 다차원적 정책개념 도입 • 경제 분석과 기업 경영전략의 효율적 연계에 중점 • 외국 유명대학과의 공동 심포지엄 개최	02-2123-4173 ~5
고려대 최고경영자 과정	• 이론과 실무의 균형 있는 커리큘럼 구성 • 최신 경영 의사결정 기법 활용 능력 배양에 중점 • 부부 합동 세미나 및 교양 강좌 프로그램 운영	02-926-7209
서강대 최고경영자 과정(STEP)	• 국제적 시야와 의사소통 능력을 갖춘 지도자 양성에 중점 • 저명 경영컨설팅 회사와 연계한 특강 개최 • 다양한 교양 및 친목활동 실시	02-704-6956 (sgstep@ccs.sogang.ac.kr)

과정명	특징	문의처
KAIST 최고정보 경영자 과정(AIM)	• 최신 정보기술을 토대로 한 현대식 경영 패러다임 소개 • 경영자의 최신 관리능력과 정보기술 능력 함양에 중점 • 실용적 교육방식 채택, 산학협동, 해외 연수 프로그램 마련	02-958-3690 (teatime@kgsm.kaist.ac.kr)
KAIST 최고벤처 경영자 과정(AVM)	• 벤처기업 최고경영자 및 벤처자본가 대상 • 벤처기업 고유의 문제점과 대안에 중점 • 비즈니스 클리닉, 토론, 사례 분석 등 참여적 방법과 실습 강조	02-958-3691 (avm@kgsm.kaist.ac.kr)
전경련 글로벌 최고 경영자과정	• 기업의 세계화를 위한 경영인 자질 향상에 중점 • 세계 유수 기업의 케이스 스터디 • 인적 네트워크, 해외 연수, 부부 강좌 등 프로그램 운영	02-3771-0468 (yyc@imi.or.kr)

CEO는 CEO끼리 만난다

CEO(Chief Executive Officer), CFO(Chief Financial Officer), CTO(Chief Technology Officer), CIO(Chief Information Officer), COO(Chief Operating Officer)······.

소위 'C 레벨'이라 불리는 사람들은 사내외적으로 가장 책임 있는 역할을 한다. 그렇기 때문에 누구보다 이들의 인맥 관리는 신중해야만 한다.

07:00~08:30	조찬모임: e-CEO 클럽 정기모임 (○○호텔 크리스탈볼룸)
09:00~10:00	임원회의: CTO, CMO, CSO 참석
10:00~12:00	사내 업무처리
12:00~13:00	경제인협회 기획운영국장과 점심식사
14:00~16:00	Client ○○사 대표이사 최종 프레젠테이션
16:30~17:30	제지업체 ○○사 CEO 홍길동 미팅 (2개월 전 e-비즈니스 포럼에서 처음 만남 / 사내 ERP 도입 구상 중 / 고객사로 발전 가능성 있음)
17:30~19:00	내주 주주총회 보고 자료 준비
19:30~22:00	대학 최고경영자 과정 동기모임
기타 사항	*Client ○○사 부사장 전화 연락할 것: 빌링 프로세스 관련 의사결정 *Client ○○사 CMO 전화 연락할 것: 방문 일정 협의 *인터넷 기업 경영자 커뮤니티 회원사에 이메일 발송

　SI업체 CEO인 정인기 씨의 하루 일과표다. 이른 아침부터 조찬모임을 비롯, 다양한 사내외 행사와 미팅 참석으로 하루 24시간이 부족할 정도다. 정인기 씨의 하루 일과는 거의 오전 7시부터 시작된다. 정기적으로 참석하고 있는 조찬모임만도 3개이고 인터넷과 관련된 각종 포럼이나 세미나에도 빠뜨리지 않고 참가하고 있다. 단, 그가 참석하는 모임을 자세히 살펴보면 기업체의 임원급들을 위한 것이 대부분이며, 만나는 사람들도 각 기업의 임원들이 주를 이룬다.

　그가 바쁜 시간을 쪼개어 이런 모임에 참석하고 각 기업의 최고경영자를 만나는 것은 일종의 투자인 셈이다. 이를 통해 그는 회사를 운영하는 데 필요한 다양한 정보를 얻을 수 있다고 말한다. 덕분에 사내에 영업부서가 따로 있지만 영업의 70% 정도는 정인기 씨가 직접 발굴하거나 의사결정에 영향을 미치고 있다.

훌륭한 리더가 되기 위해서 경영자는 사내외적으로 의사결정에 영향력이 있는 사람과의 인맥이 두터워야 한다. 의사결정에 영향력이 있는 사람들이란 다음과 같이 크게 세 부류로 나눌 수 있다.

① 사내의 다른 'C 레벨'

경영진의 반열에 들어서면 사내의 다른 경영진들과의 관계에 주목해야 한다. 흔히 부서간의 미묘한 알력이나 이기주의 등으로 겉과 속이 다른 모습을 보이는 경우가 있다. 그러나 경영진은 회사라는 한 배를 목적지로 이끌어가는 중심이 되는 사람들이다. 내부적인 마찰이나 불협화음 때문에 정작 중요한 외부의 경쟁자를 이기는 것을 놓쳐서는 곤란하다.

② 업계의 리더들

업계의 다른 경영자들과 네트워크를 형성해야 한다. 시장 환경에서 보면 이들은 경쟁 상대임에 분명하다. 그러나 큰 시각에서 보면 업계가 성장해야 자신의 기업도 발전할 수 있는 법이다. 따라서 이들과 정보를 주고받고 업계의 공동 이익과 발전을 위한 기틀을 갖추어야 한다.

③ 의사결정을 할 수 있는 고객

CEO는 회사의 영업에도 중요한 역할을 한다. 그런데 영업활동을 한다고 해서 영업부서 사원과 똑같은 사람들을 만나는 것은 의미가 없다. 경영자의 영업활동의 핵심은 고객으로부터 의사결정을 이끌어내는 것이다. 따라서 의사결정을 할 수 있는 고객을 만나야 한다. 이 점이 CEO가 다른 CEO들과 만나야 하는 중요한 포인트다. 대부분의 CEO들은 실무자의 의견을 존중하기 때문에 CEO를 만나봐야 별 가시적인 성과가 보이지 않을 수도 있다. 그러나 이들이 의사결정에 미치는 영향은 다른 누구보다 크다는 점을 간과해서는 안 된다.

주요 CEO 커뮤니티

V-Society

브이소사이어티는 벤처인프라의 육성을 모토로 벤처기업과 대기업간의 협력과 제휴의 장을 마련하기 위해 2000년 9월 설립되었다. 롯데그룹 신동빈 부회장, 현대산업개발 정몽규 회장, 신세계 정용진 부사장 등 17명의 대기업 CEO와 다음 이재웅 사장, 안철수연구소 안철수 소장, 드림위즈 이찬진 사장 등 19명의 벤처 CEO가 의기투합하여 설립한 브이소사시어티는 CEO 커뮤니티를 기업화한 기업형 커뮤니티다.

브이소사이어티에서는 매주 목요일, 회원간의 정보 공유와 친목을 위한 '목요 포럼', '정례 세미나', 'Member's Day'를 운영하고 있으며, 일반인들도 참석할 수 있는 'Open Public Conference', 'VS 아카데미', 'Global Conference' 등을 개최하고 있다. 이와 더불어 자체 펀드를 결성, 벤처기업을 지원하기 위한 재원을 마련하였다.

문의: 02-3444-7302

서울YEO(Young Entrepreneurs' Organization)

서울YEO는 미국 버지니아 주에 본부를 두고 세계적 네트워크를 갖춘 비영리 단체인 인터내셔널 YEO의 서울지부다. 40세 미만의 기업가들로 연간 매출액이 100만 달러 이상인 기업의 오너 또는 공동 설립자, 지배 주주 등으로 구성되어 있는데, 현재 국내에서는 36명의 회원이 활동하고 있다. 김준 경방 전무가 회장을 맡고 있으며 임성욱 세원그룹 회장, 허기호 한일시멘트 전무, 조현상 효성그룹 이사 등이 참가하고 있다.

서울YEO는 몇 해 전만 하더라도 10명 미만의 재벌 2, 3세 경영인들의 단순 친목단체 형태로 운영되었지만, 2000년 벤처기업가들을 대거 영입하면서 모임의 성격도 바뀌었다. 매월 셋째 주 화요일에 정기모임을 가지는데, 모임의 기본적인 형태는 스터디 그룹이다.

전문 강사를 초빙해 전문적인 지식을 연구하고 토론하는 것이 특징이다. 뿐만 아니라 전세계에 걸쳐 94개 지부가 운영되는 만큼 CEO들의 글로벌 네트워크 구축에도 큰 도움이 된다.

홈페이지: www.yeo.org

한국CEO포럼

한국CEO포럼은 전문 경영인의 역할을 정립하고 핵심역량 강화와 정보공유, 독립적 정책 대안과 새로운 CEO 문화를 제시하기 위해 2001년에 창립되었다. GE코리아 강석진 전 회장, 우리금융그룹 윤병철 회장, 중앙대 정광선 교수가 공동 대표로 있으며 약 140여 명의 회원으로 구성되어 있다. 처음 창립되었을 때 전경련 등 경제 5단체를 잇는다는 의미로 '제6의 경제 단체'로 불리기도 했는데, 시장 경제원리에 바탕을 둔 의견을 제시하는 등 기존의 경제 단체와는 궤를 달리하겠다는 입장이다.

한국CEO포럼은 월 1회 정책 토론회를 통해 경제 정책, 기업의 경쟁력 제고 전략, 노사관계, 기업 지배구조, 구조조정 등 전문 경영인들이 갖고

> 있는 다양한 주제를 다루고 있다. 포럼 임원진들의 심사를 통해 준회원 자격을 받을 수 있으며 준회원을 거친 후 정회원으로 등록할 수 있다.
> 문의: 02-780-0563

매스컴, 제대로 이용하면 보약이 된다

요즘에는 TV나 라디오의 교양 프로그램이나 시사 프로그램은 물론 각종 오락 프로그램에 의사나 변호사 등 각계의 전문가가 출연하는 일이 잦다. TV나 라디오 프로그램에 참가하는 것만으로도 그 분야의 전문가로 인정받을 뿐 아니라 보이지 않는 엄청난 홍보 효과로 인해 영업에 직접적인 영향을 미친다.

피혁 제품을 생산하는 업체의 대표 진상민 씨는 몇 해 전 적지 않은 투자를 통해 신제품을 개발했다. 그런데 아무리 좋은 제품이라도 소비자들에게 알리지 못하면 무용지물임을 뼈저리게 느꼈다.

진 대표는 신제품을 시장에 알리기 위해 사방으로 뛰어다녔지만 그의 제품에 관심을 보이는 곳은 없었다. 그렇다고 대대적인 광고를 집행하기에는 자금이 넉넉하지 않았다. 그 사이 비슷한 제품을 출시한 대기업에서 막대한 자금을 동원하여 광고를 하는 바람에 경쟁에서 밀려 하는 수 없이 눈물을 머금고 제품을 폐기하게 되었던 것이다.

그 일을 겪은 후 그는 모 대학의 언론홍보대학원 과정에 등록했고, 홍보에 관한 체계적인 방법론을 익히고 기자, PD 등 언론 관계자들과도 교류를 쌓을 수 있었다.

"예전에는 제품만 우수하다면 누구나 관심을 가져줄 것이라 생각했습니다. 하지만 우수한 제품이 전부는 아니더군요. 언론홍보대학원 과정을 통해 매스컴이 얼마나 중요한 것인지 알게 되었습니다. 그리고 홍보에는 인맥이 무척 중요하다는 것을 깨달았습니다. 특히 자본이 든든한 대기업과의 경쟁에서 이기려면 막대한 자금을 들여 광고를 하지 않아도 회사와 제품을 알릴 수 있는 방법을 터득해야만 합니다." 진상민 대표의 말이다.

매스컴의 위력은 따로 설명하지 않아도 누구나 알 것이다.

무엇보다 위의 사례에서처럼 매스컴은 돈을 들이지 않고 광고 효과를 거둘 수 있게 해준다. TV나 라디오, 신문 등에 한 번 보도가 되면 자연스럽게 자사의 제품이나 서비스를 알릴 수 있게 되고 광고를 하는 것보다 수십 배의 효과를 거둘 수 있다.

다음으로 경영자 자신을 한 분야의 전문가 반열에 올려놓는다. 사회적으로 이슈가 될 만한 사건이 발생했을 때 매스컴은 전문가의 견해를 무척 중요하게 다룬다. 이때 업계의 전문가로서 인터뷰한다면 모든 사람들에게 자신의 전문성을 각인시킬 수 있을 것이다.

매스컴의 위력 중 가장 중요한 점은 위기 상황에 대한 대처의 측면이다. 경영자로서 기업을 책임지고 이끌어가다 보면 언제나 좋은 일만 있는 것은 아니다. 만약 어떤 위기의 상황이 닥쳤을 때 매스컴은 불난 집에 기름을 붓는 역할을 하기도 하고 반대로 불을 잠재우는 역할을 할 수도 있다. 이런 위기 상황에서는 매스컴을 관리하는 것이 홍보부 직원만의 역할이 될 수는 없다. 때로는 경영자가 직접 팔을 걷고 나서야 한다.

광고 효과든 경영자 자신의 PR이든, 아니면 위기 상황에 대한 대처든 간에 경영자의 언론 관리는 하루아침에 이루어지는 것이 아니다. 평소 꾸준한 인맥 관리와 돈독한 관계 유지가 관건이다. 그러기 위해서는 다음의 사항들을 항상 염두에 두어야 한다.

첫째, 매스컴을 두려워하지 말라.

다른 인맥 관리에는 별 어려움이 없으면서도 유독 매스컴을 꺼리는 경영자들이 있다. 좋은 일보다는 나쁜 일을 더 선호하는 언론의 선정적인 측면 때문에 매체에 대한 막연한 두려움을 가지고 있기 때문이다. 그러나 매스컴을 두려워하면 제대로 활용할 수 없다.

둘째, 평소에 관계를 유지하라.

물론 경영자가 직접 관리하지 않더라도 대부분의 기업에서는 홍보부 직원을 통해 정기적으로 보도자료를 배포하고 언론과 커뮤니케이션을 하고 있을 것이다. 그런데 경영자의 위치에서도 주요 일간지, 경제지나 업계 전문지의 전문 기자 한두 명쯤은 평소 끈끈한 관계를 유지하는 것이 바람직하다. 매스컴이 전문가를 필요로 할 때 당신을 떠올리고 반대로 당신이 위기상황에 처했을 때 우호적인 반응을 이끌어내기 위해서는 평소의 관리가 중요하다.

셋째, 칼럼을 기고하라.

매스컴은 현장의 생생한 목소리에 관심을 기울이게 마련이다. 신문이나 잡지에 칼럼을 쓰거나 기고하는 것은 경영자로서, 업계의 리더로서 자신의 위치를 공고히 하는 데 큰 도움이 된다. 또 이런 칼럼이나 기고는 꼬리에 꼬리를 무는 특성이 있어 한 번 칼럼을 내면 다른 곳에서도 칼럼을 요청하는 경우가 종종 생긴다. 이를 통해 자신의 네트워크를 확장해 나가는 데도 도움을 받을 수 있을 것이다.

넷째, 스타 마케팅에 도전하라.

경영자의 매스컴 활용의 절정은 바로 스타 마케팅이다. 스타는 연예계에만 있는 것이 아니다. 비즈니스의 세계에서도 누구나 '아, 그 사람!' 하는 스타들이 있다. 이들이야말로 매스컴을 최대한 활용한 사람들이다. 누구나 스타가 될 수는 있지만 스타가 되기 위해서는 그만큼의 노력을 기울여야 한다. 무엇보다 전문성을 갖추어야 하고 매스컴이 요구하는 소위 말발과 외모까지 갖추어야 한다. 이런 모든 것이 자신이 있다면 스타 마케팅에 도전해 보는 것은 어떨까?

매스컴, 제대로만 활용한다면 경영자 자신은 물론, 당신의 회사와 직원들에게 더할 나위 없는 보약이 될 것이다.

에필로그

성공을 위한 투자, 인(人)테크를 시작하자

　사람은 태어나면서부터 죽는 순간까지 수많은 사람들과 관계를 맺으며 살아간다. 이처럼 인간관계는 시작과 끝이 없다. 그래서 인간관계는 '지금부터 인맥을 키워가야지'라고 결심하고 시작하는 것이 아니다. 일생을 거쳐 평생 동안 진행되는 일련의 작업이다.
　이렇게 말하면 어떤 사람은 '인연이란 결국 운명지어진 것이기 때문에 노력한다고 나아지는 것은 없다'고 생각하거나 '평생 걸리는 일인데 좀 늦으면 어때?' 하고 생각할지도 모르겠다.
　어떤 의미에서 사람을 만나는 것은 우주의 기가 통해야 가능한 것이므로 운이 따라야 한다. 하지만 그 만남을 얼마나 가치 있게 만들어 나갈지 결정하는 것은 바로 우리 개개인의 몫이다. 또한 그 인연의 가치를 높여 확장시켜 나가는 것도 개인의 재량에 따라 달라질 수 있다.

성공을 위해서는 시간을 철저히 관리하는 시테크가 필수적이다. 또 재산을 불리고 관리하기 위한 재테크도 현대인의 필수 지식이다. 그런데 이 모든 것이 '사람'이라는 존재 없이는 불가능하다는 사실을 직시하자. 시간도 중요하고 재산도 소중하지만 먼저 사람에 대한 투자와 관리를 시작해야 한다.

미국 카네기멜론 대학의 조사 결과에 따르면, 종래의 성공 조건이라 믿어 왔던 지적 능력이나 재능이 성공에 미치는 영향은 15%에 불과하다고 한다. 나머지 85%의 성공요인은 바로 인간관계라는 것이다. 아무리 지적 능력과 재능이 뛰어나다 하더라도 원활한 인간관계를 만들지 못한다면 성공을 이루기 어렵다는 결론을 내린 것이다.

여기서 말하는 인간관계 능력이란 '누구누구와 사이가 좋다' 거나 '누구누구와 친하다' 등의 개념은 아니다. 동료들과 협력관계를 유지하고 자신의 능력을 배가시켜 줄 수 있는 탄탄한 인맥을 형성해 나가는 능력을 의미한다. 사회가 복잡해지고 정보가 다양해질수록 이러한 인맥의 중요성은 더 커진다. 아무리 뛰어난 재능을 가진 사람이라도 혼자서 모든 것을 다 해치울 수는 없기 때문이다.

이처럼 복잡하고 다양한 관계를 더욱 효율적이고 생산적으로 만들면서 인간미 넘치는 관계를 형성해 나가는 것이 바로 인테크다.

인맥이란 큰 성공을 한 사람들에게만 적용되는 것은 아니다. 아마도 주변을 둘러보면 대단한 천재성을 가진 것도 아닌데 효율적으로 목표를 달성하고 언제나 주변 사람들로부터 인정을 받는 사람들이 있을 것이다. 이런 사람들의 비결은 다른 사람의 능력과 정보를 자신의 것으로 끌어당길 수 있는 것, 바로 뛰어난 인테크 능력에 있다.

이렇게 인맥 관리는 얼마만큼 노력하느냐에 따라, 또 어떻게 긍정적인 방향으로 관계를 만들어 나가느냐에 따라 인생 자체가 달라질 수도 있는 중요한 일이다.

이런 중요한 일련의 작업을 더 늦출 수 있겠는가? 만일 태어나서부터 삶을 마감할 때까지 만나는 수많은 사람들 속에서 가장 가치 있는 사람이 오늘 만난 사람이라는 것을 뒤늦게 깨달았을 때 후회한다면 무슨 소용이 있겠는가?

인간관계에서는 어느 시기에 어떤 상황 아래서 만나는지가 매우 중요하다. 그 시기에만 만날 수 있는 사람도 있기 때문에 순간을 놓치지 말아야 한다. 이런 이유 때문에 인맥 관리를 일찍부터 시작하면 할수록 인적 자산의 질과 양은 윤택하고 풍부해질 수 있는 가능성이 커진다.

아직 인테크에 눈을 돌리지 못했다면 지금 시작하자. 지금이 바로 시작해야 할 때다.

■ 나의 인맥 지도 ■

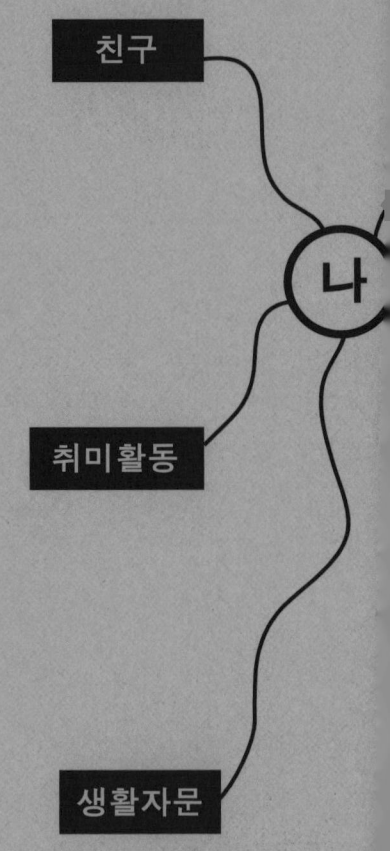

비즈니스

동향·지역